AF313808

SERVICE

DES VIVRES

A BORD

DES VAISSEAUX DU ROI.

TOULON,

L. LAURENT, LIBRAIRE-ÉDITEUR,

Sur le Port.

1828.

BRIGNOLES , TYPOGRAPHIE DE PERREYMOND-DUFORT.

Avis.

La méthode avec laquelle a été disposé le Recueil des Ordonnances et Instructions sur les différentes parties de l'Administration des vaisseaux du Roi, par un Administrateur en chef de la marine, que nous venons de faire imprimer, nous a permis d'en détacher facilement la partie relative au Service des Vivres. Cette partie n'est pas la moins importante, et les réglements qui la régissent sont d'une consultation journalière. Nous n'avons donc pas hésité à en publier une édition séparée, autant pour la commodité des personnes qui désireraient l'avoir ainsi détachée, que pour l'usage et l'utilité de celles qui appartiennent à l'Administration des Subsistances de la marine.

SERVICE DES VIVRES

A BORD DES VAISSEAUX DU ROI.

Le service des vivres exige tout le zèle et tous les soins du Commis aux revues. C'est par là que découlent du trésor des sommes immenses ; c'est de là que dépend souvent le succès d'une expédition importante ; c'est aussi dans la surveillance active apportée à ce service que les marins trouvent une nourriture saine, telle que les réglements le prescrivent et que le Gouvernement veut la leur allouer.

Ce service nécessite tous les jours, à tous les instants, des dépenses considérables, et cet objet ne permet aucun relâchement de la part d'un Administrateur jaloux de remplir exactement ses devoirs.

Plusieurs systèmes d'approvisionnements ont été successivement en vigueur dans la marine.

Pendant long-temps un Munitionnaire général était chargé de cette branche importante du service.

Plus tard, on adopta un système de régie particulière, mais dans laquelle le Gouvernement se trouvait intéressé.

Enfin, l'ordonnance du Roi du 13 décembre 1817, a confié la direction des subsistances de la marine, à un Administrateur, sous les ordres immédiats du Ministre de ce département.

Cet Administrateur destine à bord des bâtiments armés des Commis comptables envers l'administration dont ils dépendent ; ces Agents sont sous la direction des Commis aux revues qui contrôlent et vérifient l'exactitude de leurs opérations (Art. 1er du Régl. du 4 avril 1820).

Des erreurs occasionnées par le système d'entreprise, ont donné lieu, de la part des Administrateurs embarqués, à des méprises sur les devoirs qui leur étaient imposés à l'égard de ce service.

Une question toute simple a dû suffire pour les détromper à ce sujet et cette question relative aux principes les plus ordinaires de toute comptabilité amenait naturellement à ce raisonnement : qu'avez-vous reçu ? qu'avez-vous dépensé ? que vous reste-t-il *en denrées de toute espèce !*

La réponse obligeait nécessairement à reconnaître qu'il fallait être fixé, non seulement sur le nombre de rations reçues, dépensées et restantes, mais encore sur l'espèce des denrées qui avaient composé ces rations, et ceci exigeait un compte différent de celui qui avait toujours été tenu.

Etablissant le service des vivres à bord sur ces principes dont le Commis aux revues doit toujours être pénétré, voici ce qui paraît devoir être suivi.

Instruction réglementaire du 4 avril 1820.

Art. 316 de l'Ordonnance du 31 octobre 1827.

Avant chaque repas, et tant que le bâtiment sera dans le port, l'Officier en second fera faire, en présence de l'Officier de quart, par le Commis d'administration, l'appel général des hommes de l'équipage, et leur fera délivrer, par plat provisoire, un bon signé de lui et du Commis d'administration, pour recevoir leurs vivres. Ces bons lui seront remis, après la distribution, par le Commis aux vivres, qui devra lui présenter tous les jours le registre de cambuse.

Lors de l'armement d'un bâtiment, le Commis aux revues devra assurer la nourriture des hommes qui y seront embarqués, par des demandes de rations, dont l'importance devra être basée sur le nombre d'individus présents et celui présumé devoir être embarqué pendant une semaine, en supposant qu'on voulut se rapprocher le plus du complet réglementaire de l'équipage. La feuille de mouvements déposée à la fin de cette période et certifiée conforme aux mutations du rôle d'équipage par le Commis aux revues, l'Officier chargé du détail et le Commandant, corrige l'inexactitude du nombre de rations de prévoyance, et l'excédant est déduit sur la quantité à demander pour la semaine suivante. Cette première demande de vivres, faite sur une feuille dite *extrait de revue*, est présentée au Directeur des subsistances qui fournit ses bons de délivrances aux Garde-magasins sous ses ordres. Ces bons sont portés par le Garde-magasin sur un casernet tenu par le Commis aux vivres, afin de constater la recette, et en outre, récapitulés en un bordereau général qui sert au Commis aux revues pour établir la sienne. Celui-ci tient contradictoirement avec le Commis aux vivres un rôle de rations que lui délivre le Commissaire des armements. Les premières feuilles servent à établir la recette en denrées, de mois en mois, et séparément la dépense : une balance fixe ensuite la situation.

Le rôle nominatif constate par les mouvements le nombre de rations que l'on a dû dépenser, et sert de comparaison avec celui de distribution pour faire ressortir à la fin de la campagne les économies.

Des feuilles sont destinées à la fin du registre, à l'enregistrement des procès-verbaux pour perte de vivres de toute espèce.

Ces procès-verbaux ne sont autorisés que dans les cas extraordinaires bornés à ce que nécessiteront un combat, un échouage, une voie d'eau, un événement de mer arrivé à une embarcation transportant des vivres, un accident lors de l'embarquement des vivres ; mais ces circonstances doivent être motivées d'une manière très-précise, afin que la commission chargée de l'examen des comptes puisse émettre une opinion sur les consommations de ce genre; le Commandant, l'Officier chargé du détail et le Commis aux revues deviendront responsables de toutes celles rejetées, sauf le recours envers le Commis aux vivres.

Le rôle de rations doit indiquer exactement tous les ports dans lesquels le bâtiment a relâché et la durée de son séjour.

La nomenclature de ces lieux sera arrêtée par le Commis aux revues, par l'Officier chargé du détail et par le Commandant.

Le Commis aux revues doit toujours être à même de justifier de la recette et du restant à bord.

Les recettes ont lieu par des fournitures faites des magasins de S. M., par des achats particuliers, ou des remises de bâtiment à bâtiment.

Avant son départ des ports de France ou des pays étrangers, le Commis aux revues réclamera toujours l'état des fournitures faites au bâtiment, en indiquant que ce sont les seules qui auront eu lieu, et à défaut, un état négatif; au moyen de ces pièces, les recettes seront portées sur le registre, à la feuille destinée à cet usage, et sur la balance.

La dépense en vivres est le résultat des rations délivrées, des versemens opérés en magasin, des jets à la mer, des pertes et des remises faites par ordre à différents bâtiments.

Elle se justifie, savoir : les rations par le nombre de journées de présence à bord et par les distributions réellement faites ; les remises par les récépissés en bonne forme ; les pertes, par les procès-verbaux rédigés à l'époque de l'évènement.

La consommation de rations ne peut être établie que d'après les denrées qui les ont composées et les distributions effectives, ce qui a le double avantage de s'opposer à toute substitution, et de n'admettre que la dépense qui a eu lieu.

Instruction mise en tête du rôle de rations, approuvée par S. Exc.

Il doit être établi dans la cambuse un cahier de plats, qui, imprimé et relié d'avance, présentera pour chaque jour la distribution faite à l'équipage, et servira à établir d'une manière non équivoque, la dépense en rations et en denrées.

Ce cahier est ainsi formé.

Rôle de distribution et de Plats.

DÉSIGNATION des PLATS.	NOMBRE d'hommes dont ils sont composés.		DISTRIBUTION RÉELLE.						RETRANCHEMENT de vins.		COMPOSITION des repas.		Observations.
			DÉJEUNER.		DINER.		SOUPER.						
	marins	mous.	marins	mous.	marins	mous.	marins	mous.	marins	mous.	marins	mous.	

Économie.

A déduire pour fourniture extraordinaire (la motiver).

Reste en économie.

Un total indique, d'une part, le nombre d'hommes à nourrir d'après la force de l'équipage, et de l'autre, celui pour lequel il a été réellement distribué des vivres, et, en résultat, les économies que des absences momentanées ou d'autres mouvements, dont on ne fait pas inscription sur les rôles, doivent offrir à la cambuse, et dont il faut faire profiter le Gouvernement. Sur ces économies, on déduit sur-le-champ les fournitures extraordinaires faites par ordre et toujours par écrit, pour pansements à des blessés, pour des bivouacs, pour un travail forcé, et après cette déduction le compte s'établit.

Ainsi, en récapitulant à la fin du mois la consommation journalière en rations et en espèces de denrées, et en comparant cette consommation avec celle que présente le rôle de rations d'après le mouvement d'équipage, on connaît la véritable dépense et elle s'établit avec précision; on pourrait, au besoin, être fixé de cette manière tous les jours sur sa situation.

Ce rôle de distribution et de plats est la base première de la dépense; le Commis aux revues doit être présent aussi fréquemment que possible à cette distribution; il doit surveiller la tenue de ce rôle, l'arrêter tous les jours concurremment avec l'Officier chargé du dé ail.

La distribution des vivres doit se faire à bord de cette manière :

Au moment où les denrées doivent être mises dans la chaudière, une commission présidée par un Officier ou un Élève de première classe, et composée de deux Officiers-mariniers, d'un Sous-officier de la garnison et d'un matelot, assiste au pesage des légumes et s'assure si la quantité fournie ainsi est conforme à celle qui revient pour le nombre d'hommes recevant la soupe du coq.

Lorsque l'on délivre pour le repas, de la viande fraîche ou salée, ou du fromage, la distribution se fait à chaque plat, et la Commission qui y assiste, veille à ce que la fourniture faite soit celle indiquée sur le rôle de plats à l'art. correspondant; l'Officier ou l'Élève le certifie à la fin de la distribution.

Les distributions pour fournitures extraordinaires n'ayant lieu que sur des bons, ces pièces justifient la fourniture d'une manière légale.

Le Commis aux vivres n'a besoin à l'appui de son compte de dépense que de son rôle de plats, ainsi arrêté jour par jour; il se met à même de justifier du nombre des rations qu'il a délivrées, de l'espèce des denrées qui les ont composées, et de régler ainsi son compte.

Lorsque le rôle de rations est arrêté, et il doit l'être à la fin de chaque mois, la comparaison du résultat est faite avec celui offert par le rôle de distribution, et la dépense est réglée ainsi en rations et en denrées au moyen du tableau arrêté dans cette forme. (Cette forme est celle actuellement en usage et qui est indiquée dans le rôle de rations.)

La cambuse d'un bâtiment étant considérée comme un magasin, il est inutile d'établir des feuilles séparées pour la consommation du journalier et pour celle de la campagne. Cette distinction est présentée d'une manière assez satisfaisante dans les tableaux de consommation, sans qu'il soit besoin de l'exiger d'une autre manière, laquelle ne pourrait présenter quelqu'utilité que dans le cas où une entreprise existant, il serait convenable de présenter toujours séparément ces deux espèces de rations.

La balance qui est à la suite du rôle doit servir à inscrire chaque mois, sommairement, la recette et la dépense par nature de denrées, et à connaître ainsi la situation du bâtiment.

Lorsque les denrées seront remises en magasin comme ayant été déclarées hors d'état de faire campagne, on aura soin de reconnaître le déchet qu'elles auront éprouvé pendant leur séjour à bord, afin d'en demander le remplacement.

Si cette précaution n'était pas prise, le remplacement ne s'opérerait que quantité pour quantité, et dans le cours d'une campagne de quelque durée, des opérations de ce genre, pouvant avoir lieu fréquemment, il arriverait que le bâtiment ne posséderait pas l'approvisionnement nécessaire au moment où l'on pourrait être fondé à penser qu'il existe à bord.

Si par quelque circonstance, des ordres sont donnés pour le retranchement d'une partie de la ration pendant la campagne, l'ordre sera transcrit sur le rôle de rations, et le Commis aux revues notera à l'article de chaque homme, la portion de la ration retranchée, ainsi que la durée du retranchement. Aussitôt que les fournitures seront rétablies conformément aux réglements, il sera dressé un état nominatif de tous les individus ayant droit à une répétition de vivres. Cet état présentera le nombre de rations retranchées à chaque homme et servira au paiement, lorsqu'il aura été ordonné.

Tous les ans, lorsqu'il y aura possibilité, et dans toutes les occasions qui

seront offertes (ces occasions sont plus naturellement celles où le radoub
du bâtiment nécessitant le désarrimage , la reconnaissance des denrées
existant à bord est facile à faire) , le Commis aux revues constatera concurremment avec l'Officier chargé du détail , les quantités de denrées
de chaque espèce existant à bord. Le résultat de cette vérification , sera
comparé avec celui produit par les écritures , et s'il existe quelque diffé-
rence , on en recherchera la cause.

Le devoir du Commis aux vivres est de veiller à la conservation des
denrées , mais l'Officier chargé du détail et le Commis aux revues ne
doivent pas être étrangers à ce soin important. Ils doivent , au contraire ,
tenir la main à ce que le Commis aux vivres le remplisse , et si des dé-
gâts , des pertes , ont lieu par négligence , la responsabilité sera commune
à l'Officier chargé du détail , au Commis aux revues , et à celui des vivres.

Lors du renouvellement de l'année , l'état des vivres existant à bord
sera arrêté et servira de première recette pour l'année suivante.

Le Commis aux vivres aura sous sa responsabilité tous les ustensiles , et
il en comptera , soit à la direction , soit au magasin général , de la même
manière que les Maîtres chargés comptent des effets dont ils répondent.

Le Commis aux revues vérifiera fréquemment les poids et mesures , au
moyen de ceux étalonnés qui lui auront été remis par le magasin général.

Le Commis aux revues produira au désarmement , à la direction des
vivres , ses rôles de rations arrêtés et signés de qui de droit ; il présentera
toutes les pièces justificatives de la recette et de la dépense , et réglera
ainsi le compte de la campagne.

En résultat , le Commis aux revues établit sa dépense à l'armement par le
rôle d'appel et pendant la campagne par le rôle de rations , comparé néanmoins , avec celui de distributions journalières tenu par le Commis aux vivres.

Le Capitaine examinera et visera , dans les cinq premiers jours de
chaque mois , les registres des consommations qui auront eu lieu pendant
le mois précédent , ainsi que le *rôle de rations.*

Avant d'arrêter ces registres , il interrogera les Officiers et les Maîtres
de chaque détail , et il vérifiera si les consommations ont été faites régulièrement et avec économie ; il mentionnera sommairement, sur son jour-
nal , le résultat de cet examen.

Art. 250 de l'ordonnance du
31 octobre 1827.

2

ORDONNANCE DU ROI

Qui détermine une nouvelle composition des Rations en usage dans le Département de la Marine.

Paris, le 5 février 1823.

LOUIS, etc.,

Considérant que depuis le décret du 13 janvier 1806, relatif à la composition des rations en usage dans le département de la marine, quelques-unes de ces rations ont subi diverses modifications provisoires qu'il est nécessaire de régulariser ;

Voulant d'ailleurs donner aux marins embarqués sur nos bâtiments un témoignage de notre bienveillance, en améliorant encore essentiellement leur ration, et en leur procurant une nourriture plus favorable à leur santé ;

Sur le rapport de notre Ministre secrétaire d'état de la marine et des colonies,

Nous avons ordonné et ordonnons ce qui suit :

ART. 1er

A partir du 1er avril 1823, les diverses espèces de rations qui se consomment dans le service de la marine, seront composées conformément au règlement ci-joint.

ART. 2.

Les quantités de bois et de charbon de terre à embarquer pour la cuisson des aliments des marins, seront délivrées dans les proportions indiquées par le même règlement.

ART. 3.

Les suppléments ou allocations extraordinaires qui pourront avoir lieu à bord de nos bâtiments à la mer, pour préserver les équipages de l'influence des changements de climats, ou pour toute autre cause, ne pourront excéder les quantités fixées par le susdit réglement.

Art. 4.

Les dispositions prescrites par le décret du 15 janvier 1806 et les décisions postérieures continueront à être exécutées jusqu'au 31 mars 1823 inclusivement.

Art. 5.

Notre Ministre Secrétaire d'état de la marine et des colonies est chargé de l'exécution de la présente ordonnance.

Donné au château des Tuileries le 5ᵉ jour du mois de février de l'an de grâce 1823 et de notre règne le 28ᵉ

Signé LOUIS.

Par le Roi :

Signé Mⁱˢ DE CLERMONT-TONNERRE.

RÉGLEMENT

Sur la composition des diverses Rations en usage dans le Département de la Marine.

RATIONS de Marins et autres Individus embarqués sur les Bâtiments du Roi.

RATION DE JOURNALIER.

Cette espèce de ration , qui se délivre tant aux hommes embarqués sur les bâtiments de S. M. , dans les ports et rades de France , qu'aux individus mis en subsistance dans les Cayennes et autres établissements à terre , sera composée, pour chaque homme , sans distinction de grade, ainsi qu'il suit ;

SAVOIR :

PAIN..............

Pain frais provenant de farine de froment épurée à douze pour cent.............. 75o gram.

ou

Biscuit (si les circonstances exigent qu'il en soit fourni)...................... 55o gram.

Les fixations établies ci-contre étant destinées à la nourriture d'un homme pendant un jour , la distribution en sera faite par tiers pour chacun des trois repas indiqués ci-après.

BOISSONS.......

Vin de journalier..................... 6y centil.

ou

Bière ou cidre { Si la fourniture des vivres a lieu dans les ports de la Manche, depuis Dunkerque jusqu'à St.-Servan inclusivement. } 1 litre 38 centil.

Il sera embarqué trois pour cent en sus des quantités nécessaires à la composition des rations en boissons , et ce , pour faire face aux déchets qu'entraîne leur distribution.

Nota. Il n'est point accordé de boisson aux Mousses.

DÉJEUNERS.....

Ce repas se composera seulement du tiers de la ration complète de pain et de boisson , c'est-à-dire de 25o grammes de pain et de 23 centilitres de vin , ou de 46 centilitres de bière ou cidre , selon les localités.

Il y aura chaque semaine, quatre dîners gras et trois dîners maigres qui se composeront, indépendamment du tiers de la ration complète en pain et boissons ;

SAVOIR :

DÎNERS.........

Le Dîner gras, de.. (1)
{ Viande fraîche............. 250 gram.
et de
Légumes verts, à raison de.. 16 mil. 1|2 }
Ces dîners se délivreront les dimanche, mardi, jeudi et samedi.

Le Dîner maigre, de (2)
{ Morue { Assaisonnée comme il sera spécifié ci-après. } .. 120 gram.
ou
Fromage.................. 90 gram. }
Les dîners maigres se délivreront les lundi, mercredi et vendredi.

(1) NOTA. Il sera fourni trois pour cent en sus de la quantité de viande fraîche nécessaire à la composition des dîners gras, afin de couvrir le déchet à la distribution.

Si l'on était dans le cas de faire consommer du lard ou du bœuf salé en journalier, les distributions de ces salaisons, ainsi que les additions dont elles sont susceptibles, seraient fixées conformément à ce qui sera réglé ci-après pour la ration de campagne ; et si au lieu d'argent pour achat de légumes verts, on était obligé de distribuer de l'oseille confite ou de la choucroûte avec les dîners gras, les proportions en seraient de 15 grammes d'oseille confite, ou de 30 grammes de choucroûte pour chaque dîner en viande fraîche.

(2) Si, à défaut de morue et de fromage, on était dans le cas de distribuer du riz ou des légumes pour les dîners, les quantités seraient les mêmes que celles déterminées ci-après pour les soupers, ainsi que les assaisonnements.

SOUPERS........

Le repas du soir ou souper se composera, tous les jours, indépendamment du tiers de la ration complète en pain et en boisson, pour chaque homme ;

SAVOIR :

De légumes secs (pois, fèves ou faïols).... 120 gram.
ou
De riz....................... 60 gram.
} Avec les assaisonnements déterminés ci-après.

S'il y avait impossibilité de faire la chaudière à bord, il serait distribué du fromage en place de légumes ; mais alors ce comestible ne serait accordé qu'à raison de 60 grammes pour chaque souper.

Si, par une cause quelconque, on délivrait de la viande fraîche pour le souper de l'équipage, la quantité accordée pour ce dernier repas, ne serait que de 120 grammes, au lieu de 250 qui reviennent pour le dîner ; et cette seconde distribution de viande dans un jour ne donnerait lieu à aucune augmentation de la somme accordée pour achat de légumes verts, laquelle resterait toujours fixée à 16 millimes 1|2 par jour.

ASSAISONNEMENS

Huile d'olive............ { 18 Grammes pour chaque dîner en morue.
  ou   { 6 Grammes pour chaque repas en riz ou légumes.

Beurre.... .... { 30 Grammes pour chaque dîner en morue.
         { 10 Grammes pour chaque repas en riz ou légumes.

Vinaigre............... { 3 Centilitres pour chaque dîner en morue.
         { 5 Millilitres pour chaque repas en riz ou en légumes.

Sel.................... 22 Grammes par homme et par jour.

CHAUFFAGE..... (Voir le tableau ci-après).

LUMINAIRE..... Chandelles............... 1 gram. 46 centigr. par ration.

RATION DE CAMPAGNE.

La ration à la mer, dite de campagne, sera composée pour chaque homme embarqué, quelle que soit sa qualité à bord , de la manière suivante ;

SAVOIR :

PAIN. ....

Farine d'armement..................... 550 gram.
  ou
Pain frais en provenant.................. 750 gram.
  ou
Biscuit provenant de farine de froment épurée
 à 33 pour 100..................... 550 gram.

Il sera ajouté aux quantités de biscuit et de farine nécessaires pour la composition des rations ordonnées , 10 pour 100 destinés à subvenir aux déchets de garde et de distribution de ces denrées.

BOISSONS.......

Vin de campagne....................... 69 centil.
  ou
Eau-de-vie....... .... 18 centil.
  ou
Bière ou cidre (si les circonstances l'exigeaient. 1 lit. 38 c.

Il sera également embarqué en sus du nécessaire, en boissons , un supplément de 12 pour 100, destiné à faire face aux déchets et coulages ordinaires pendant la durée de la campagne.

Nota. Il n'est point accordé de boisson aux Mousses.

Les fixations établies ci-contre étant destinées à la nourriture d'un homme pendant un jour , la distribution en sera faite par tiers pour chacun des trois repas spécifiés ci-après.

DÉJEUNERS..... Indépendamment du tiers de la ration complète en biscuit et en boissons applicable à ce repas, il sera délivré des déjeuners chauds composés,

SAVOIR :

Dans les régions intertropicales,

De café.................... 20 gram. | par homme et par
Et de sucre................. 20 gram. | jour.

et dans les régions froides et tempérées.

D'une panade formée tant avec la portion de biscuit revenant pour le déjeuner, qu'avec les quantités de beurre, sel et poivre déterminées ci-après à l'article assaisonnements.

Idem.

DINERS........ Le marin recevra chaque jour de la semaine un dîner gras, à l'exception du vendredi, jour où il sera délivré un dîner maigre.

Chaque dîner gras, se composera de

Lard salé. .... 180 gram.
ou
Bœuf salé............................... 250 gram.

Et il sera ajouté à chacune de ces espèces de viande :

Légumes secs............... 60 gram. | Sans addition d'huile
ou
Riz...................... 30 gram. | ni vinaigre.

Indépendamment des quantités de poivre et de moutarde fixées ci-après à l'article assaisonnements.

Chaque dîner maigre se composera de

Morue (assaisonnée comme il sera fixé ci-après). 120 gr.
ou
Fromage................................... 120 gr.

Nota. Lorsque, dans les relâches en pays étrangers ou dans les colonies françaises, il sera jugé nécessaire de fournir de la viande fraîche en place de salaisons, la quantité de bœuf frais ainsi que la somme à allouer pour achat de légumes verts seront les mêmes que celles qui sont fixées pour la ration de journalier. Mais si l'allocation de seize millimes et demi pour légumes verts était reconnue insuffisante, il y serait suppléé, sans cependant que la nouvelle allocation pût, en aucun cas, excéder vingt-six millimes par ration de viande fraîche.

SOUPERS........ Indépendamment du tiers de la ration complète en biscuit et en boisson incombant à ce repas, il sera délivré pour chaque homme et par jour :

Légumes secs... 120 gram.
ou
Riz... 60 gram.

Et indépendamment des assaisonnements déterminés ci-après, il sera ajouté à chacun de ces légumes :

Oseille confite (1)... 15 gram.
ou
Choucroûte (1)... 30 gram.

Nota. La substitution du fromage aux légumes, que des circonstances pourraient nécessiter, aura lieu en campagne, à raison de 90 grammes.

(1) Voyez à la page 24 la dépêche du 29 septembre 1827.

ASSAISONNEMENS
- Huile d'olive...... 18 gram. pour chaque dîner en morue. / 6 gram. par repas en riz ou légumes.
- Beurre.......... pour panade, 15 grammes par homme et par jour.
- Vinaigre......... 3 centil. pour chaque dîner en morue. / 5 milliiit. pour chaque repas en riz ou en légumes. / 5 milliiit. par homme et par jour, tant pour aciduler l'eau des charniers, que pour la préparation de la moutarde et l'aspersion du bâtiment.
- Sel.............. Tant pour panade que pour l'assaisonnement du riz et des légumes. } 24 gram. par homme et par jour.
- Graine de moutarde. pour chaque dîner en salaisons, 2 grammes.
- Poivre ou piment... pour chaque déjeûner en panade, 15 centigramm es. / et pour chaque dîner en salaisons, 15 centigrammes.

CHAUFFAGE..... (*Voir le tableau ci-après*).

LUMINAIRE.....
- Chandelle (*)...... 1 gram. 46 centigram. par ration.
- Huile à brûler..... 1 gram. 46 centigram. par ration.
- Coton filé......... 2 gram. par kilog. d'huile à brûler.

RAFRAICHISSEMENTS A EMBARQUER.

Le nombre de jours de rafraîchissements à embarquer sur les bâtiments de S. M. sera fixé ainsi qu'il suit :

SAVOIR :

Pour les campagnes dans l'Inde... 120 Jours.
Pour celles à l'île Bourbon et à Madagascar...................... 90
Pour celles de la côte d'Afrique................................. 60
Pour celles de l'Amérique.. 45
Pour celles de la Méditerranée ou de la mer Baltique........... . 30
Et pour les destinations inconnues, du tiers de la durée présumée de la campagne, d'après les vivres embarqués.

Les espèces et quantités de denrées, ainsi que les proportions dans lesquelles s'effectuera leur embarquement, seront réglées, pour cent hommes pendant trente jours, ainsi qu'il suit ;

SAVOIR :

Viandes désossées, bouillies et accompagnées de gélée..... 27 kil. 187 gram.
Tablettes à bouilion (**) du poids de 25 grammes, devant
    faire deux bouillons chacune...................... 40 tablettes.

(*) Voyez à la page 24 la dépêche du 10 novembre 1827.
(**) Voyez à la page 27 la dépêche du 18 juin 1827.

Chocolat préparé.. o kilog. 5oo gram.
Prunes.. 7   3oo
Raisiné ou beurre... 5   ooo
Sucre... 2   9oo

RATION DE MALADE.

La ration de malade à la mer sera prise tant sur les rafraîchissements embarqués, que sur le pain et les boissons de la campagne; elle sera composée chaque jour (sauf les modifications et réductions qui pourraient être prescrites par l'Officier de santé), ainsi qu'il suit;

SAVOIR :

Pain frais blanc.. 6r2 grammes.
Vin de campagne... 6.) centilitres
DEJEUNER...... Chocolat... 3o grammes.
DINER.......... Bouillon formé de la moitié d'une tablette (*)... 12 gram. 1/2
Viande desossée entourée de gelée............................... 18o grammes.
Riz... 6o   *idem.*
Avec sucre ou beurre.. 15   *idem.*
SOUPER..........   *ou*
Prunes.. 12o   *idem.*
                       ou
Raisiné... 9o   *idem.*

Nota. Les parties de pain et de vin non consommées, d'après les prescriptions de l'Officier de santé, pourront être employées, les premières, en cataplasmes et les secondes en fomentations pour les blessés, ou eau vineuse pour boisson habituelle des malades auxquels elle pourrait être utile.

(*) L'avis unanime d'une Commission nommée pour examiner les gelées de viande, a été que ces gelées offraient, indépendamment d'une supériorité de qualité incontestable sur les tablettes, l'avantage d'une conservation indéfinie au moyen de l'application du procédé *Appert.* En conséquence, j'ai décidé, d'après ce résultat, que lesdites gelées de viande seraient substituées aux tablettes à bouillon dans la composition de la ration de malade à la mer; que la quantité de gelée pour chaque bouillon serait fixée à 25 gram. fondus dans 18o gram. d'eau, et que cette substance serait renfermée dans des boites de fer blanc soumises au procédé *Appert* et de la contenance de 4 et 6 rations. (*Extrait d'une Dépêche du 18 juin 1827.*) (Administration des subsistances).

TABLEAU de distribution des repas , d'après la durée des campagnes ordonnées.

INDICATION DES RATIONS ET DES REPAS.		DISTRIBUTION DES REPAS.							
		1 mois 30 jours.	2 mois 60 jours.	3 mois 90 jours.	4 mois 120 jours.	5 mois 150 jours.	6 mois 180 jours.	7 mois 210 jours.	8 mois 240 jours.
PAIN	Farine d'armement , ou pain en provenant	10	20	30	40	50	60	70	80
	Biscuit	20	40	60	80	100	120	140	160
		30	60	90	120	150	180	210	240
BOISSONS	Vin de campagne	28	57	85	114	142	170	198	225
	Eau-de-vie	2	3	5	6	8	10	12	15
		30	60	90	120	150	180	210	240
DÉJEUNERS	Pour les bâtiments destinés pour les climats chauds — en café	10	40	70	100	130	160	190	220
	en panade	20	20	20	20	20	20	20	20
		30	60	90	120	150	180	210	240
	Pour ceux destinés pour les climats froids ou tempérés — en café	3	6	9	12	15	18	21	24
	en panade	27	54	81	108	135	162	189	216
		30	60	90	120	150	180	210	240
DINERS	Lard salé	17	35	53	79	105	130	156	182
	Bœuf salé	8	16	24	24	24	24	24	24
	Morue	3	6	8	8	8	8	8	8
	Fromage	2	3	5	9	13	18	22	26
		30	60	90	120	150	180	210	240
SOUPERS	Légumes	25	50	75	100	125	150	175	200
	Riz	5	10	15	20	25	30	35	40
		30	60	90	120	150	180	210	240

OBSERVATIONS ESSENTIELLES.

La quantité des déjeuners en café et en panade à embarquer doit varier suivant la destination des bâtiments ; ainsi un navire armé pour la station de Terre-Neuve ou pour une mission dans la mer Baltique , c'est-à-dire , pour un climat froid , serait dans le cas de ne recevoir que des déjeuners en panade. Mais afin de pourvoir aux besoins qui naîtraient de circonstances imprévues , il sera toujours embarqué dans ce cas du sucre et du café pour un dixième de la durée de la campagne , et cette disposition sera applicable aux bâtiments navigant dans la Méditerranée , ainsi qu'à ceux dont les missions seraient inconnues.

Les bâtiments destinés pour l'Amérique , ne recevront en France qu'un tiers des quantités de sucre et de café nécessaires pour le nombre de jours de vivres de campagne embarqués , et ceux destinés pour l'île Bourbon et les Indes orientales en recevront la moitié , vu la facilité de se procurer le surplus , soit dans les magasins de colonies françaises , soit par des achats dans les pays étrangers.

Quant aux bâtiments destinés pour le Sénégal et autres établissements sur les côtes d'Afrique , ils recevront la totalité de leur nécessaire pour les déjeuners , tel qu'il est fixé par le tableau ci-dessus.

RATION DE TROUPES D'ARTILLERIE ET D'INFANTERIE.

Pain frais provenant de farine de froment épurée à 12 p. o|o... 750 gram.

Nota. La ration des compagnies d'ouvriers d'artillerie et d'apprentis-canonniers , ainsi que celle des Agents de surveillance des Chiourmes , est la même que celle des troupes d'artillerie et d'infanterie de la marine.

RATION DE PRISONNIERS DE GUERRE.

Pain frais provenant de farine de froment épurée à 12 p. o|o......... 490 gram.
Vin de journalier.. 23 centil.
    ou
Bière ou cidre.. 46 centil.
Viande fraiche.. 490 gram.
Sel .... 10 gram.
Bois (Voir le tableau ci-après.)
  Le supplément de 3 pour o|o sur le vin et la viande est applicable à cette ration.

Par homme et par jour.

RATIONS DE CHIOURMES.

RATION DE FORÇATS AU TRAVAIL.

Pain frais... 917 gram.
    ou
Biscuit .... 700 gram.
    et
Fromage (avec la ration de biscuit)................................ 30 gram.
Vin de journalier.. 48 centil.
    ou
Bière ou cidre... 96 centil.
Légumes secs... 120 gram.
Huile d'olive.. 4 gr. 90 cent.
    ou
Beurre... 8 gr. 82 cent.
Sel.. 10 gram.

Par homme et par jour.

COMPOSITION DES RATIONS.

RATION DE FORÇATS SANS TRAVAIL.

Pain frais... 917 gram. }
  ou
Biscuit .... 700 gram.
Légumes secs.. 120 gram.
Huile d'olive... 4 gr. 90 c. } par homme et par jour.
  ou
Beurre.. 8 gr. 82 c.
Sel .... 10 gram. }

RATION DE FORÇATS INVALIDES.

Pain frais.. 750 gram. } par homme et par jour.
Vin de journalier... 24 centil.
Viande fraîche.. 250 gram. } les mardi, jeudi, sa_
  avec légumes verts, à raison de........................ 25 milli. } medi et dimanche.

Légumes secs.. 120 gram.
  avec huile d'olive.................................... 4 gr. 90 c. } les lundi, mercredi et vendredi.
  ou
Beurre.. 8 gr. 82 c.
Sel .... 10 gram. par hom. et par jour.

Nota. Le pain entrant dans la composition de la ration des forçats, soit au travail, soit sans travail, soit invalides, sera généralement. fait avec des farines de froment épurées à 12 pour o|o. Mais lors des fabrications de biscuit, les excédants de l'épurement de la farine à biscuit sur les 12 pour oo extrait seulement de la farine à pain, entreront dans la confection du pain des forçats.

TABLEAU des quantités de bois de chauffage et de charbon de terre à délivrer pour la cuisson des aliments.

L'usage des déjeuners chauds à bord des bâtiments à la mer, exigeant l'emploi de plus de combustibles pour le service de la campagne que pour celui de journalier, le nécessaire pour chacun de ces services est réglé pour chaque mois ainsi qu'il suit ; SAVOIR :

	Pour le service journalier lorsque l'équipage est au moins aux 2/3 complet.		A embarquer pour campagne.	
	stères.	centist.	stères.	centist.
Vaisseaux — à trois ponts......................	55	»	60	50
Vaisseaux — de 80 canons......................	49	25	54	17
Vaisseaux — de 74 canons......................	41	»	45	10
Frégates — de 50 à 60 canons.................	33	»	36	30
Frégates — de 44 canons......................	22	»	24	20
Corvettes de guerre de 26 et 24 canons , et corvettes de charge......................................	16	50	18	15
Autres corvettes et bâtiments ayant plus de 100 hommes d'équipage	11	»	12	10
Bâtiments dont l'équipage sera au-dessous de 100 hommes et au-dessus de 50 hommes...................	8	25	9	»
Bâtiments au-dessous de 50 hommes et au-dessus de 20 hommes	6	50	7	15
Bâtiments ayant 20 hommes et au-dessus de 10 hommes.	5	»	5	50
Bâtiments ayant 10 hommes et au-dessous............	Un centistère par ration.		Un centistère par ration.	

BOIS à délivrer , tant pour les troupes et autres passagers embarqués sur les bâtiments de S. M. , que pour le service journalier des bâtiments , lorsque leur équipage n'est pas aux deux tiers complet , et pour celui des Cayennes.

Pour cent hommes par mois.......... 8 stères 25 centistères.

CHARBON DE TERRE.

A bord des bâtiments où l'on consomme du charbon de terre en roche pour les cuisines, ce combustible sera embarqué à raison de cent quarante kilogrammes de charbon de terre pour un stère de bois.

FOURNITURES EXTRAORDINAIRES ET HORS DU SERVICE EN RATIONS.

Indépendamment des distributions applicables à la ration ordinaire du marin, dont le détail précède, il est d'autres consommations qui se font habituellement à bord des bâtiments à la mer, et qui, variant selon les climats où ils se trouvent, sont, en raison de leur éventualité, considérées comme des fournitures extraordinaires.

Les proportions de ces dernières consommations seront réglées de la manière suivante :

1° Il sera délivré aux équipages des bâtiments en mission à Terre-Neuve ou navigant dans les mers boréales ou australes, c'est-à-dire au-delà du 5o° degré de latitude nord et sud, un supplément de biscuit qui est fixé à 6o grammes par homme et par jour.

2° Les bâtiments devant former la station de Terre-Neuve recevront de la mélasse, destinée à faire, avec les bourgeons du sapin du nord, la boisson habituelle du marin, désignée à bord sous le nom de *sapinette*. Cette fourniture, qui exigera un ordre spécial de l'administration de la marine dans les ports d'armement ou de départ des navires, sera calculée à raison de 5o grammes de mélasse par homme et par jour, et pour la durée présumée du séjour des bâtiments dans les parages du banc de Terre-Neuve.

3° Les équipages des bâtiments en station dans les colonies françaises d'Amérique, ou navigant entre les deux tropiques, jouiront, indépendamment des boissons entrant dans la composition de leur ration ordinaire, d'une boisson habituelle composée comme suit :

Eau-de-vie, tafia ou rhum................. 25 millilitres.	Par hom. et par jour
Sucre-cassonnade......................... 1o grammes.	pour être mêlés à
Vinaigre............................... 2 centilitres.	l'eau des charniers.

Les deux centilitres de vinaigre seront remplacés par un demi-citron, ou par la moitié d'une orange amère, lorsque les bâtiments pourront se procurer de ces fruits ; et attendu la facilité d'en obtenir aux Antilles, et de se pourvoir aussi de sucre et de tafia, il ne sera fait aux bâtiments ayant cette destination, aucune fourniture de ce genre, avant leur départ de France (à moins d'un ordre spécial).

Les bâtiments destinés pour les Indes orientales et l'île Bourbon en recevront pour cinquante jours, durée présumée de leur séjour entre les tropiques pendant leur traversée.

Quant à ceux destinés pour le Sénégal et la côte d'Afrique, ils en recevront pour la moitié de la durée présumée de la campagne ordonnée d'après les vivres embarqués.

4° Enfin, dans les climats tempérés, l'eau des charniers sera acidulée dans la proportion convenable, au moyen du vinaigre embarqué à cet effet; mais comme cet acide se trouve compris dans l'approvisionnement en vivres de campagne des bâtiments, tel qu'il a été réglé ci-dessus, cette dernière consommation ne donnera lieu à aucune livraison spéciale des magasins, ni à aucune justification de dépenses extraordinaires.

Quant aux distributions supplémentaires de biscuit, à la fourniture de mélasse et à celle des denrées composant les boissons alcoolisées, elles seront justifiées par des états de fournitures extraordinaires.

Les Commandants pourront, comme par le passé, accorder aux hommes atteints de boulimie, les suppléments de pain et de biscuit qui seront déterminés par l'Officier de santé en chef.

Ils pourront également ordonner, lorsqu'il y aura lieu, la distribution des doubles rations qui s'accordent aux équipages à l'occasion de travaux extraordinaires et forcés, ou de réjouissances publiques, il est entendu toutefois, que l'ordre donné pour une double ration en boissons ne doit s'appliquer qu'à la quantité revenant pour un repas seulement.

Toutes les consommations et fournitures extraordinaires rappelées ci-dessus devront d'ailleurs être régulièrement justifiées et constatées selon les formes prescrites par les réglements sur la comptabilité des bords.

Approuvé le présent réglement, pour recevoir son exécution à partir du 1er avril 1823.

Paris, le 5 février 1823.   *Signé* LOUIS.

Par le Roi : *Le Pair de France Ministre Secrétaire d'état ayant le département de la marine et des colonies.*

Signé Mis DE CLERMONT-TONNERRE.

Dép. du 10 novembre 1827.
(*Subsistances*).

L'administration des subsistances est autorisée à délivrer en remplacement d'un gramme 46 centigrammes de chandelle , revenant par ration suivant le réglement du 5 février 1823 , les quantités de bougie jaune déterminées comme suit ; SAVOIR :

Pour tout bâtiment qui aura moins que 250 rationnaires , 1 gramme 52 centigrammes par ration.

Pour le service des frégates , comme de tout autre bâtiment ayant 250 à 500 rationnaires , 1 gramme de bougie par ration.

Et pour tout bâtiment sur lequel il se trouvera plus de 500 hommes , 88 centigrammes de bougie aussi par ration.

Mais la substitution dont il s'agit , n'aura lieu que pour le service de campagne , et l'on continuera à fournir de la chandelle pour le service journalier des bords dans les ports et rades de France.

Il est du reste entendu que ce remplacement ne concernant que la chandelle , l'huile à brûler continuera d'être délivrée dans les proportions voulues par le réglement ci-dessus cité.

Dép. du 29 septembre 1827.
(*Subsistances*).

Lorsque des bâtiments du Roi en mission , soit à l'île Bourbon , soit dans les mers des Indes et de la Chine, sont obligés de s'avitailler dans ces parages , ils se pourvoient , à défaut d'oseille confite et de choucroûte , d'une espèce de marinade propre au pays et nommée *Achards*.

Comme les réglements sur la distribution des vivres à bord des vaisseaux de S. M. ne font pas mention de cette substitution (qui, en effet, est éventuelle), l'on a été jusqu'à présent dans l'usage de délivrer des achards , à raison de 30 grammes par ration ; quantité égale à celle de choucroûte , sans faire attention que la force de ce nouveau condiment , et le prix élevé auquel il revient , doivent en faire réduire la consommation.

Voulant déterminer , autant que possible , les dépenses considérables occasionnées par les achats de vivres dans les parages ci-dessus désignés , et d'après le compte qui en a été rendu au Ministre, S. E. a décidé que la consommation des achards , en raison de la force de ce condiment, serait réglée à raison de 75 décigrammes par ration , et que cette fixation serait désormais suivie à bord des bâtiments de S. M. qui seraient pourvus de cet assaisonnement.

INSTRUCTION RÉGLEMENTAIRE

SUR LA TENUE ET L'APUREMENT

DE LA COMPTABILITÉ DES VIVRES,

À bord des Vaisseaux et autres Bâtiments du Roi.

Le Ministre Secrétaire d'état du département de la marine et des colonies, s'étant fait représenter l'instruction du 30 floréal an 11 (20 mai 1803) sur le service des vivres, les dispositions réglementaires du 11 novembre 1807, l'instruction pour les Commis embarquants, du 1er avril 1813, et le réglement organique pour l'administration des subsistances du 31 décembre 1817 ; et ayant reconnu que, d'après les divers changements survenus dans le système administratif des vivres depuis les époques susdites, il était nécessaire de déterminer, par des règles positives, les formes à suivre pour la tenue et l'apurement de la comptabilité des vivres à bord des bâtiments du Roi, a ARRÊTÉ l'instruction suivante :

ART. 1er

Les Commis comptables des vivres sur les bâtiments du Roi sont nommés par l'Administrateur des subsistances.

Les autres préposés de ce service reçoivent leur destination des Directeurs ou autres Agents en chef dans les ports.

En cas d'urgence, les Commis comptables peuvent recevoir également leur destination des Directeurs, sauf l'approbation ultérieure de l'Administrateur.

On se conformera, pour le nombre, les grades et la paie de ces préposés, au tableau arrêté par le Ministre le 20 novembre 1824, conformément aux ordonnances royales des 17 mars et 23 juin 1824.

Le bureau des armements devant continuer à faire payer indistinctement à chacun de ces Agents, 36 francs de solde par mois, les supplé-

4

ment et complément de leurs paies restent seuls à la charge de l'administration des subsistances.

Ces préposés continueront aussi d'avoir droit à la demi-solde d'invalides, en raison de leurs années de service, comme les autres gens de mer.

ART. 2.

Les Préposés des vivres doivent recevoir toute protection à bord de la part des Officiers, et surtout du Commandant du bâtiment; il est défendu de les maltraiter ou de les molester ; et s'ils éprouvaient qu'elques mauvais traitements de la part des gens de l'équipage , le Commandant devra en faire une justice exemplaire.

Si le Commis éprouvait un déni de justice, il en ferait le sujet d'une plainte qu'il remettrait au Commis aux revues ; celui-ci l'adressera à l'Administrateur en chef du port d'armement, qui la transmettra au Ministre avec son avis. Le Commis aux vivres en remettra de son côté une copie au Directeur des subsistances, qui l'enverra à l'Administrateur de ce service.

Si, à bord d'un bâtiment en mer, un Commis aux vivres se rend coupable de quelque délit , le Commandant du bâtiment fera constater les faits ; et s'ils sont de nature à exiger que le Commis soit suspendu de ses fonctions , cet Officier ordonnera son remplacement, après s'être fait indiquer par écrit, par le Commis aux revues, celui des Agents des vivres, ou , à défaut , celui des gens de l'équipage le plus en état de remplacer ce comptable. Il sera alors dressé un inventaire des vivres et ustensiles existant à bord , lequel sera signé du Commis aux revues, des deux Comptables , de l'Officier chargé du détail, et visé par le Commandant ; et il sera rendu compte du tout à l'Administrateur en chef du premier port de France où le bâtiment relâchera.

Si ce Commis a encouru quelques peines de discipline , elles ne pourront lui être infligées que dans la cambuse, de manière qu'il soit toujours à même de surveiller l'emploi des denrées dont il est comptable.

Les punitions que pourraient avoir méritées les autres Agents des vivres à bord , seront également subies dans le local destiné à la distribution des vivres.

En aucun cas (excepté celui du péril imminent et du salut commun) .

le Commandant d'un bâtiment ne pourra obliger les Préposés des vivres
à travailler à la manœuvre, ni les employer à des travaux autres que ceux
du service pour lequel ils sont embarqués.

Art. 3.

A l'armement d'un bâtiment, le Commis comptable qui y est destiné, recevra de la direction des subsistances un registre ou plusieurs (selon la durée de la campagne), conformes au modèle imprimé et envoyé dans les ports, ainsi qu'une instruction et un casernet portatif pour l'inscription journalière, tant des fournitures qui lui seront faites, que des paiements qui auront lieu pour supplément de solde.

Ces inscriptions se feront, en France, par les Agents de l'administration des subsistances ; dans les colonies françaises, par les Administrateurs coloniaux ; et en pays étrangers, par les Consuls de France, ou, à défaut, par le Commis aux revues du bâtiment.

Si quelques parties des objets portés sur les bons inscrits au casernet ne pouvaient être livrées, le Garde-magasin qu'elles concernent les annoterait en marge, comme ayant été *laissées à terre*.

Le Commis aux revues recevra du bureau des armements les rôles de rations et autres imprimés du service *vivres* qui lui sont nécessaires pour la durée de la campagne que le bâtiment doit entreprendre.

Art. 4.

Aussitôt que le Commis aux revues aura été prévenu que le journalier d'armement doit s'ouvrir, il obtiendra de l'Intendant ou Administrateur en chef du port, l'ordre des fournitures des vivres de journalier, conforme au modèle Imprimé ; il remettra cet ordre au Commis aux vivres, avec un extrait de revue revêtu des signatures nécessaires, afin que ce dernier établisse au dos de cette pièce sa demande des espèces et quantités de denrées nécessaires à la subsistance de l'équipage pendant le nombre de jours pour lequel l'extrait de revue est délivré.

Il ajoutera aux quantités nécessaires en boissons et en viande fraîche, un supplément de 3 pour o[o] pour subvenir au déchet que la manutention occasionne lors de la distribution de ces denrées.

Remise des rôles de rations, registres et casernets du commis.

Confirmé par l'art. 638 de l'Ord. du 31 oct. 1827.

Demande et expédition des vivres de journalier.

Cette demande se renouvellera dans la même forme, c'est-à-dire, sur un extrait de revue, aussitôt que la première prise de vivres sera épuisée, et ainsi successivement pendant toute la durée du journalier de port et de rade; en observant que chaque extrait de revue devra toujours être accom-·pagné de la feuille de mouvement, justifiant la consommation des vivres fournis précédemment : sans la présentation de cette feuille, la direction des subsistances est fondée à refuser de nouveaux vivres de journalier.

Ces prises de vivres devront, autant que possible, être faites par semaine;

Les mêmes formalités seront remplies pour l'ouverture du journalier de relâche, et pour les expéditions de vivres qui doivent suivre.

Art. 5.

Demande et expédition des vivres de campagne.

Lorsque le Commis aux revues aura reçu l'avis que les vivres de campagne doivent être mis à bord, il réclamera de l'Administrateur en chef du port l'ordre d'embarquement de ces vivres, et le remettra au Commis comptable, qui devra le déposer immédiatement à la direction des subsistances, afin d'en obtenir les bons ou ordres de livraison des denrées. On comprendra dans les quantités à fournir, un supplément de 10 pour o|o sur la farine et le biscuit ; et de 12 pour o|o sur les boissons, pour subvenir, tant aux déchets et coulages qui ont lieu pendant la campagne, qu'au déchet de distribution.

Art. 6.

Livraison des vivres.

Ces bons ou ordres de fournitures, soit de vivres de journalier, soit de vivres de campagne, seront présentés aux Garde-magasins par le Commis comptable qui les acquittera, après que la livraison des denrées y mentionnées aura été effectuée ; mais elle ne devra l'être qu'en présence de l'Officier de corvée et du Commis aux revues, qui signeront leur *vu livrer*, ainsi qu'il est établi sur l'imprimé ad hoc.

Le Garde-magasin remettra de son côté, à *l'Officier de corvée*, un bordereau détaillé des espèces et quantités de denrées dont il aura fait la livraison.

Art. 7.

Indépendamment des bons de livraisons acquittés comme il vient d'être dit, le Commis aux revues délivrera, lorsque la totalité des vivres de campagne sera parvenue à bord, un certificat d'embarquement des rations et des denrées ordonnées, conforme au modèle imprimé, lequel, après avoir été visé par l'Officier chargé du détail et le Commandant du bâtiment, sera déposé à la direction des subsistances.

Certificats d'embarquement de vivres de campagne.

Lorsqu'il y aura lieu à faire quelques livraisons partielles de vivres de campagne, soit en remplacement de denrées perdues ou consommées en journalier, soit pour toute autre cause, aucun certificat d'embarquement ne sera nécessaire ; mais quand au retour d'une campagne, un bâtiment à bord duquel il restera encore des vivres de bonne qualité, recevra ordre de les compléter pour un temps déterminé, afin de reprendre la mer, il devra être délivré un nouveau certificat d'embarquement, présentant le montant des rations et des vivres récemment ordonnés, avec la distinction des quantités qui se trouvaient à bord et de celles fournies pour le complément de la campagne.

Art. 8.

Tous transports de vivres et ustensiles, tant des magasins des subsistances à bord des bâtiments du Roi, que des vaisseaux dans les magasins, seront faits dans les chaloupes ou autres embarcations, soit des bords, soit de l'arsenal, montées des hommes nécessaires pour ces opérations.

Transport des vivres et leur placement à bord.

Si, dans le transport, les vivres venaient à être avariés ou perdus, soit par des voies d'eau, abordage, échouage, naufrage, incendie et démâtage des embarcations, soit par des accidents que le Commis n'aurait pu prévenir ou éviter, il en sera dressé procès-verbal, tant pour la décharge du Comptable que pour la liquidation de la denrée perdue, et pour en obtenir le remplacement ; mais ce remplacement ne s'effectuera qu'autant que l'Administrateur en chef du port l'aura autorisé sur le procès-verbal qui lui sera présenté à cet effet.

Le Commis aux vivres devra non seulement suivre le transport des denrées à bord, et du bord dans les magasins, mais encore être présent à

Confirmé par l'art. 642 de l'Ord. du 31 octob. 1827.

leur arrimage dans le vaisseau , afin que, connaissant les lieux où elles sont placées , il puisse les faire soigner convenablement, c'est-à-dire faire rabattre les futailles qui en auraient besoin , saumurer les salaisons, etc.

Confirmé par l'art. 643 de l'Ord. du 31 octob. 1827.

Avant l'embarquement des vivres de campagne , ce Commis visitera les soutes destinées à les recevoir, ainsi que les pièces d'armement devant contenir le vin ; et s'il jugeait qu'il y eût quelques précautions à prendre pour assurer la conservation de ces vivres , il serait fait à ce sujet les représentations convenables aux Officiers du bâtiment, et en rendrait compte au Directeur des subsistances.

Si, après le placement des vivres à bord, le commandant jugeait convenable de faire fermer à clefs les cales et soutes qui les renferment, les cadenas à y apposer devront être doubles, afin que l'une des clefs soit remise au comptable, et l'autre réservée par l'Officier chargé du détail.

Art. 9.

Ordre à suivre dans la consommation des vivres de campagne.

Le Commis se conformera , dans l'emploi des vivres de campagne , aux tableaux de distribution des repas et de composition des rations établis ci-après : cependant comme il peut arriver que la situation des approvisionnements du port fasse apporter quelques modifications au réglement général des repas, en remplaçant une denrée par une autre, l'inscription de ces vivres sur le casernet portatif du Commis devra toujours être émargée du réglement de rations qui aura été suivi pour leur expédition.

Confirmé par l'art. 642 de l'Ord. du 31 octob. 1827.

Il est enjoint au Commis de faire consommer dans les commencements de la campagne les denrées susceptibles d'une conservation moins longue, notamment le vin de journalier embarqué pour le premier mois , et qui doit être, par cette raison, placé dans l'arrimage au-dessus du vin de campagne ; le biscuit le plus anciennement fabriqué, et celui qui n'ayant pu être contenu dans les soutes serait resté en-dehors ; la morue, et en général toutes les denrées dont la consommation serait plus pressante.

Il lui est particulièrement défendu de délivrer, pendant la durée du journalier de port et de rade , aucune portion des boissons et denrées embarquées pour la campagne.

ART. 10.

Les rations continueront d'être distribuées par plats de sept hommes ; mais les viandes , poissons et légumes seront pesés une seule fois par jour, selon l'usage, pour être aussitôt livrés au coq et placés dans la chaudière.

La composition des repas, c'est-à-dire les espèces et quantités de denrées distribuées chaque jour, seront inscrites sur un casernet ouvert à cet effet à la cambuse, lequel sera arrêté par la commission qui aura assisté aux distributions.

Les rations seront composées conformément au réglement du 5 février 1825 , et réglées comme il suit ; Savoir :

Distribution des vivres à bord et composition des rations.

RATIONS de campagne.

NATURE DES DENRÉES.	QUANTITÉS.	1 mois 30 jours.	2 mois 60 jours.	3 mois 90 jours.	4 mois 120 jours.	5 mois 150 jours.	6 mois 180 jours.	7 mois 210 jours.	8 mois 240 jours.
PAIN Farine d'armement	550 gr.								
ou Pain frais en provenant	750 id.	10	20	30	40	50	60	70	80
Biscuit	550 id.	20	40	60	80	100	120	140	160
		30	60	90	120	150	180	210	240
BOISSONS Vin. de journalier	69 cent	28	30	30	30	30	30	30	30
de campagne	69 id.	»	27	55	84	112	140	168	195
Eau-de-vie	18 id.	2	3	5	6	8	10	12	15
		30	60	90	120	150	180	210	240
DINERS Lard salé	180 gr.	14	28	44	64	84	104	124	144
Bœuf salé	250 id.	6	12	16	16	16	16	16	16
Morue	120 id.	6	12	16	16	16	16	16	16
Fromage	90 id.	3	6	9	15	21	27	33	39
Légumes	120 id.	1	2	5	9	13	17	21	25
		30	60	90	120	150	180	210	240
SOUPERS Légumes	120 gr.	25	50	75	100	125	150	175	200
Riz	60 id.	5	10	15	20	25	30	35	40
		30	60	90	120	150	180	210	240

NOTA. Lorsque l'on fournit de la bière ou du cidre , la ration est double de celle de vin. Il n'est point dû de boisson aux mousses.

NOTA. Lorsqu'il y aura impossibilité de faire la chaudière à bord , il sera donné à souper du fromage en place de légumes , et dans ce cas, la proportion du fromage est fixée à 60 grammes par ration.

Il résulte du tableau ci-dessus que la distribution des repas de chaque mois forme le complément du nombre de ceux des mois antérieurs ; ainsi, par exemple, l'on voit qu'il doit être délivré 6 dîners de bœuf, pendant chacun des deux premiers mois, et 4 pendant le troisième, ce qui forme les 16 indiqués pour trois mois.

On délivrera deux fois par semaine, en sus des denrées qui entrent dans la composition des rations, 3o grammes de choucroute, ou 15 grammes d'oseille confite par ration.

ASSAISONNEMENTS.

HUILE D'OLIVE..	15o grammes	par	kilogrammes	de morue.
	100 *idem.*	par	*idem.*	de riz.
	5o *idem.*	par	*idem.*	de légumes.
ou				
BEURRE	260 *idem.*	par	*idem.*	de morue.
	180 *idem.*	par	*idem.*	de riz.
	90 *idem.*	par	*idem.*	de légumes.
VINAIGRE.	3o litres..............	par cent kilogrammes de morue.		
	9 *id.* 4o centilitres par	*idem.*	de riz.	
	4 *id.* 70 *id.* par	*idem.*	de légumes.	

Il sera fourni de plus 6 litres 5o centilitres par 100 hommes par mois, c'est-à-dire, par 3ooo rations, tant pour aciduler l'eau et préparer la moutarde, que pour l'aspersion du bâtiment:

GRAINE DE MOUTARDE... 1 kilogramme 200 grammes par 3ooo rations.
SEL...................... 64 *idem.*   par *idem.*
POIVRE...................... 15 grammes   par 100 rations.

CHAUFFAGE, LUMINAIRE ET RAFRAICHISSEMENTS.

Ces articles seront délivrés dans les proportions établies par le tarif du 5 février 1823.

COMPOSITION DE LA RATION DE MALADE.

Ces rations sont ordinairement réglées d'après les prescriptions de l'Officier de santé en chef du bord ; cependant les parties de vivres composant la ration entière de malade sont,

SAVOIR :

Pain frais provenant de la farine d'armement............................ 612 grammes.

Vin de campagne... 69 centilitres

DÉJEUNER... un œuf.

DINER , viande fraîche et poule , 365 grammes.......... { 1/7e de poule remplaçant 120 gr. de viande : lorsqu'il en est délivré , la viande n'est distribuée qu'à raison de 245 gram. Le bouillon en provenant est distribué d'après les prescriptions de l'officier de santé.

SOUPER.............. { Prunes , 120 grammes.
ou
Riz , 60 gram. assaisonnés de 15 gram. de beurre ou de sucre,
ou   à défaut de bouillon.
Raisiné , 60 grammes.

Les tablettes à bouillon seront , au reste , employées comme il sera réglé par l'Officier de santé dans la composition des rations de malades , et le Commis justifiera de leur consommation par les ordres de cet Officier, qu'il rapportera à l'appui de son compte.

RATIONS DE JOURNALIER.

PAIN............. { Pain frais.................................. 750 grammes.
ou
Biscuit (si le cas requiert qu'il en soit fourni).. 550 grammes.

BOISSONS.......... { Vin.. 69 centilitres.
ou
Bière ou cidre , si la fourniture s'exécute dans les ports de la Manche , depuis Dunkerque , jusqu'à St.-Servan inclusivement.............. } 1 litre 38 centil.
Nota. Il ne revient pas de boissons aux mousses.

DINERS............. { Il y aura par semaine 4 diners gras et 3 diners maigres.
Les premiers seront composés de 250 gram. de viande fraîche , crue , par chaque homme ; et il sera délivré en sus 16 millimes et demi en argent pour achat de légumes verts.
Les 3 diners maigres se composeront de morue ou de fromage , ou de légumes, dans les proportions déterminées ci-dessus pour la ration de campagne et avec les mêmes assaisonnements.

5

SOUPERS............ { Les repas du soir ou soupers se composeront de 120 grammes de légumes ou de 60 grammes de riz, assaisonnés comme il est dit ci-dessus.

Lorsqu'il y aura impossibilité de faire la chaudière, il sera donné du fromage en place de légumes ; et dans ce cas, la quantité de fromage est fixée à 60 grammes.

Le bois de chauffage sera délivré suivant les proportions établies par le tarif précité, en observant cependant qu'au commencement de l'armement, et lorsque l'équipage n'est pas encore aux deux tiers complet, le bois doit être délivré, non en raison de la force des bâtiments, mais en raison du nombre d'hommes, d'après les quantités fixées pour les passagers.

Le luminaire pour le service journalier ne consistera qu'en 4 kilogrammes 400 grammes de chandelle pour cent hommes par mois.

Art. 11.

Etat à délivrer par la direction des subsistances au Commis aux revues.

Au moment du départ du port d'armement ou d'un autre port de France, où le bâtiment aurait séjourné, le Commis aux revues réclamera de la direction des subsistances un état détaillé des espèces et quantités de vivres et ustensiles qui y auront été fournis, tant pour le service de journalier que pour celui de campagne. Cet état devra rappeler également les remises en magasin qui pourraient avoir eu lieu pendant la durée du séjour du bâtiment. Cette pièce sera rapportée par le Commis aux revues à l'appui de son rôle de rations.

Art. 12.

Justification des consommations en rations et envoi des pièces de comptabilité.

Pour la justification des consommations de journalier, le Commis aux revues délivre au Commis aux vivres, à la fin de chaque semaine, une feuille de mouvements conforme au modèle imprimé, présentant le nombre des rations qui ont été consommées chaque jour, et le Commis aux vivres, après s'être assuré que cette feuille est en rapport avec les distributions qu'il a faites, la remet à la direction des subsistances.

La consommation des rations de campagne se justifie par des états de mouvements à la mer, certifiés par le Commis aux revues, reconnus et signés par le Commis aux vivres , et visés tant par l'Officier chargé du détail que par le Commandant du bâtiment. Ces états , qui s'arrêtent au moins tous les mois, doivent l'être plus fréquemment , lorsqu'il y aura lieu de les remettre ou de les faire parvenir au port d'armement.

Il est expressément recommandé au Commis aux revues de ne négliger aucune occasion pour envoyer ces feuilles au port d'armement : cet envoi est essentiel surtout à la fin d'une année , époque à laquelle il importe de réunir toutes les pièces justificatives des consommations qui ont eu lieu pendant son cours. Il lui est également recommandé de joindre aux feuilles de mouvements de décembre les états de fournitures ou consommations extraordinaires , ceux des recettes et des remises effectuées depuis le départ du bâtiment, les procès-verbaux et autres pièces à employer tant au débit qu'au crédit du comptable , enfin l'inventaire des vivres et ustensiles restant à bord au 31 décembre.

Voyez une dépêche du 26 nov. 1821 (subsistances). Et une circulaire de l'Intendant du 20 décem. 1821.

Il est entendu que si , au moment du départ du bâtiment , il s'était trouvé à bord des vivres de journalier dont la consommation restât à justifier , il faudrait avoir également soin d'adresser au port d'armement , et par la première occasion, les feuilles justificatives de ces consommations ; le Commis aux vivres provoquera l'envoi de toutes ces pièces et en informera le Directeur des subsistances du port comptable.

Le Commis aux revues aura le plus grand soin d'indiquer sur chacune des feuilles de mouvements , soit de journalier , soit de campagne , la nature des passagers qui y figureraient, et de distinguer ceux qui, d'après des ordres particuliers , recevraient la ration à charge d'en payer la valeur.

Toutes les pièces ci-dessus doivent être adressées à l'Administrateur en chef du port où le compte du bâtiment est ouvert, pour être ensuite remises au Directeur des subsistances , ou directement à ce dernier , mais toujours sous le couvert de l'Administrateur supérieur du port.

Art. 13.

Les états ou certificats constatant des consommations extraordinaires à bord des bâtiments du Roi, doivent être suffisamment motivés , et détaillés de manière à faire connaître quelle portion de denrées chacun des consommateurs a reçue ; ainsi, lorsque l'état de la santé de quelques indi-

Justification des fournitures extraordinaires.

vidus exige qu'il leur soit donné en sus de la ration ordinaire , soit des tablettes à bouillon , soit tout autre objet embarqué pour rafraîchissement, les états relatifs à ces fournitures devront être signés par l'Officier de santé , et présenter les motifs des distributions , le nombre des hommes qui y ont eu part, le temps pendant lequel elles ont duré , enfin les proportions dans lesquelles elles ont été faites.

Les mêmes détails devront se trouver sur les états justifiant l'emploi des denrées coloniales qui se délivrent quelquefois , en sus de la ration , pour fortifier les équipages et les acclimater dans certaines colonies. .

S'il y a lieu d'augmenter la ration pour des hommes atteints de boulimie, le supplément à délivrer sera déterminé par l'Officier de santé , et cette fourniture supplémentaire sera constatée chaque mois par un état détaillé et nominatif des hommes qui auront reçu ce supplément.

S'il arrive que l'on soit obligé d'employer du bois pour chauffage du brai, ou pour lessivage du linge et des hamacs de l'équipage, il sera dressé à la fin de chaque mois un état des quantités ainsi consommées extraordinairement ; et cet état devra être revêtu des signatures exigées sur les autres pièces de consommations.

Tous certificats ou états de fournitures extraordinaires doivent être spéciaux , arrêtés chaque mois, et régularisés comme il vient d'être dit ; ceux qui ne présenteraient pas les détails indiqués ci-dessus , ne seront point admis, et resteront pour le compte des signataires.

Art. 14.

Il ne sera dressé de procès-verbaux de pertes à bord que dans les cas de force majeure , tels que combats, voies d'eau , échouage, naufrage , incendie , démâtage , ou enfin par suite d'événements que le Commis aux vivres n'aurait pu prévenir ou éviter; ceux pour déchets, coulages et autres pertes semblables, ne seront point admis.

Les vivres détériorés ne seront point jetés à la mer, si le bâtiment est dans le port ou en rade ; mais ils seront remis dans les magasins , après avoir rempli les formalités nécessaires.

Si le bâtiment était en mer , et qu'il y eût à craindre que les vivres détériorés ne causassent de l'infection à bord , alors il en serait dressé procès-verbal qui constaterait le jet à la mer, ainsi que les motifs qui l'auraient déterminé. Les futailles dont l'encombrement génerait, seront vendues dans les lieux de relâche et dans les formes prescrites (1) , et si quelques circonstances obligeaient d'en brûler ou d'en jeter à la mer , il en serait également dressé procès-verbal.

Le Commis aux vivres recevra une copie de chacun des procès-verbaux qui seront faits à bord , laquelle sera certifiée conforme par le Commis aux revues ; cependant, comme aucune fourniture de vivres de campagne ne peut se faire sans l'ordre de l'Administrateur en chef du port, chaque fois qu'il y aura lieu de réclamer le remplacement d'une denrée perdue, la direction des subsistances ne satisfera à cette demande que sur l'autorisation donnée par cet Administrateur au bas du procès-verbal qui devra lui être soumis, et qui sera ensuite déposé au contrôle de la marine, d'où seront retirées les copies nécessaires.

Art. 15.

Le Commis aux revues aura soin qu'il y ait concordance entre les quantités de rations portées sur les feuilles ou états de mouvements et celles inscrites sur le rôle de rations : ce dernier devra être également en rapport avec le rôle d'équipage pour les journées de solde et de présence à bord.

Accord entre les feuilles de mouvements et les rôles de rations et d'équipages.

Cependant , comme il peut arriver que quelques hommes soient instantanément éloignés du bord , sur permis d'absence, pour un délai très-court , ou pour tout autre motif, sans qu'il y ait lieu d'arrêter leur solde, ni conséquemment d'en faire mention au rôle d'équipage , quoique la livraison de leurs vivres soit suspendue , alors la réduction qui en résulte sur le nombre des rations consommées , doit s'opérer sur les feuilles de mouvements , comme sur le rôle de rations , en apostillant sur ce dernier les causes de cette réduction.

---

(1) Voir l'art. 19 de l'Instruction du 1er avril 1813 , en note ci-après , à la suite de l'art. 34 du présent réglement.

Art. 16.

Défense de faire des réserves particulières de vivres
provenant de retranche-
ments.

En aucun cas, il ne peut être fait des réserves particulières de vivres provenant de retranchements ou de la non distribution du tout ou d'une portion de la ration revenant à chacun des hommes de l'équipage, soit dans le but de faire ensuite délivrer ces denrées à titre de gratifications pour des travaux forcés, soit pour tout autre motif; le Commis aux vivres ne pourra en conséquence délivrer aucun certificat pour cet objet, sous peine de radiation de tout ce qui y sera contenu.

Si, par suite de circonstances forcées à la mer, on était obligé de retrancher une portion de la ration à l'équipage, il en serait dressé procès-verbal, indiquant les espèces et quantités de denrées non délivrées. (1).

Art. 17.

Tenue des rôles de rations
et des registres de comptabilité du Commis aux vivres.

Le rôle des rations et le registre de comptabilité du Commis aux vivres doivent être tenus de conformité aux instructions qui se trouvent en tête de chacun.

Les consommations, tant en rations qu'en denrées, seront arrêtées chaque mois sur l'un et sur l'autre, et signées par le Commis aux revues et l'officier chargé du détail; et comme ces dépenses doivent coïncider avec celles résultant du relevé des distributions journalières constatées par le casernet de cambuse, ce relevé sera également arrêté à la fin du mois par le Commis aux revues et l'Officier chargé du détail, et il sera rapporté par le Commis aux vivres au soutien de son compte.

L'inscription sur le registre du Commis aux vivres, de toutes les pièces

---

(1) Dans le cas où une plus longue durée de campagne obligera le Capitaine à retrancher un repas ou une partie de la ration de l'équipage, ce qu'il ne fera cependant pas sans l'ordre du Commandant en chef s'il est en escadre, ou si la consommation de quelque partie ne permet pas de donner la ration entière, alors il sera fait note de la portion retranchée, pour le prix en être payé en argent à celui à qui la ration revient, et cet argent ne sera retenu pour l'acquit d'aucune dette, mais l'Intendant le fera compter au désarmement, par le Trésorier de la marine, ainsi qu'il eût été payé au munitionnaire, si la ration eut été fournie en entier. (*Ordonnance de* 1765, *Article* 1083.)

relatives à sa comptabilité , sera certifiée par le Commis aux revues qui
signera aussi , après vérification , les autres parties de ce registre , telles
que les récapitulations et balances ; le tout ainsi que l'indiquent les for-
mules imprimées.

Le Commandant du bâtiment apposera son visa sur les différentes parties
du rôle de rations qui sont dans le cas de le revevoir , après , toutefois ,
qu'elles auront été arrêtées et signées par le Commis aux revues et l'Officier chargé du détail.

Art. 18.

Dans les quantités de vivres de journalier dont la dépense sera cons- **Déchets à porter en dépense.**
tatée et établie , on comprendra les 5 pour o|o accordés comme déchet
de distribution sur la viande fraîche et les boissons.

Quant aux vivres de campagne , comme les 10 pour o|o embarqués
en sus du nécessaire sur la farine et le biscuit , et les 12 pour o|o sur le
vin et l'eau-de-vie , sont destinés à couvrir non-seulement les déchets de
distribution , mais encore les pertes résultant de l'embarquement , conservation à bord et débarquement de ces denrées , l'entière absorption
de ces suppléments ne pouvant avoir lieu par l'effet de la seule distribution des vivres , le Commis ne comprendra dans ses dépenses en pain et
boissons qu'un déchet de 5 pour o|o sur l'une comme sur l'autre des den-
rées précitées , et l'allocation du surplus desdits suppléments sera réglée
lors de l'apurement du compte définitif.

Art. 19.

Lorsque des bœufs et moutons seront tués à bord , la quantité de viande **Certificats du produit des**
distribuable qui en proviendra , sera constatée par le Commis aux revues   **bestiaux tués à bord.**
et l'Officier chargé du détail ; le certificat qui en sera dressé , sera visé
par le Commandant et remis au Commis aux vivres , qui rapportera cette
pièce à l'appui de son compte.

Art. 20.

Lorsqu'un bâtiment relâche dans une colonie française , s'il est néces- **Recettes de vivres dans les**
saire d'y faire des vivres , les demandes doivent en être dressées dans la   **colonies.**

même forme qu'en France ; c'est-à-dire sur extraits de revue, et en rations assorties autant que possible. Les états constatant ces fournitures seront en triple expédition, l'une d'elles devant rester à bord et les autres être remises à l'administration coloniale.

Ces états, qui devront indiquer les quantités de denrées en poids et mesures selon le système métrique, seront arrêtés par les Administrateurs qui auront fait les livraisons, certifiés par le Commis aux revues, acquittés par le Commis aux vivres, et visés tant par l'Officier chargé du détail que par le Commandant du bâtiment.

Art. 21.

Recettes de vivres en pays étranger.

Confirmé par le 4ᵉ § de l'article 234 de l'ordonnance du 31 octobre 1827.

En cas de relâche dans un port étranger, les demandes de vivres et de rafraîchissements doivent être adressées au Consul de France ou Agent consulaire y résidant, lequel y pourvoit par des achats faits cependant *de concert* avec les autorités du bord qui y *interviennent* et constatent les livraisons par des états en double expédition et revêtus des mêmes formalités que celles indiquées ci-dessus pour les fournitures faites dans les colonies, en y énonçant les quantités de denrées, non-seulement en poids et mesures du poids pays, mais aussi en poids et mesures français.

Lorsqu'il est livré des denrées ou des objets inusités dans le service des vivres en France, l'on en indiquera la destination, ou leur assimilation aux denrées analogues qui se délivrent dans les ports français et les proportions dans lesquelles ces objets sont distribués.

Art. 22.

Recettes de vivres en pays étranger lorsqu'il n'y a point d'Agent consulaire.

Confirmé par le 2ᵉ § de l'article 234 de l'ordonnance du 31 octobre 1827.

S'il ne se trouve point d'Agent consulaire dans le pays, le Commis aux revues devra, d'après l'ordre du Commandant, faire les achats nécessaires ; mais les marchés qu'il passera à cet effet, devront, ainsi que les états de fournitures, être visés par l'Officier chargé du détail et le Commandant du bâtiment, et signés par le Commis aux vivres qui y interviendra, tant pour faire connaître son avis sur la qualité des denrées que pour en donner reçu.

Les pièces à rapporter pour la justification de ces dépenses devront toujours être accompagnées d'un certificat du cours du change des mon-

naies du pays en monnaies de France , ainsi que des reçus ou quittances
des particuliers qui auront fourni les vivres , surtout s'ils ont été achetés
avec des fonds déposés à bord pour ces sortes d'achats ; et lorsque le Commis aux revues tirera des traites qu'il donnera en paiement , les reçus
seront stipulés *valeur reçue en traite , etc.*

Art. 23.

S'il est fait , pendant ces relâches , des dépenses pour achats de munitions et agrès , pour pilotage , pour renouvellement d'eau , enfin ,
pour toutes autres causes étrangères au service des vivres , ces dépenses
doivent être le sujet d'états spéciaux , attendu qu'elles ne peuvent être
cumulées avec celles du chapitre IX , ces dernières devant être acquittées
par la caisse de l'administration des subsistances , tandis que les autres le
sont par le Payeur principal des dépenses du ministère : il est entendu
que les traites qui pourraient être tirées , doivent être scindées de la même
manière que les états de dépenses.

Le montant des états des fournitures faites en pays étranger doit toujours être abondé de trois pour cent , afin de couvrir la retenue qui s'opère
au profit de la caisse des Invalides sur tous les paiements faits pour le service de la marine , et de faire ressortir la somme nette revenant aux Four-
nisseurs : il est entendu que les traites qui seront émises en paiement ,
ne comprendront que les sommes nettes.

Distinction des dépenses en pays étranger , et mode de liquidation à suivre pour leur remboursement.

Art. 24.

Lorsqu'un bâtiment aura relâché dans une colonie ou un pays étranger ,
sans qu'il lui ait été fait aucune fourniture de vivres , il en sera fait mention par le Commis aux revues sur le casernet portatif du Commis aux
vivres ; et cette attestation sera visée par l'Officier chargé du détail et le
Commandant du Bâtiment.

Certificats négatifs.

Art. 25.

Lorsqu'il y aura lieu de débarquer dans une colonie quelques portions
de vivres de l'approvisionnement du bord , il en sera dressé procès-verbal ,
d'après lequel le Commis aux revues fera , près de l'administration colo-

Remise de vivres dans les magasins des colonies.

niale , les démarches nécessaires pour leur admission dans les magasins de la colonie : le Commis aux vivres effectuera les remises, et en retirera le récépissé du Garde-magasin , visé par qui de droit.

Art. 26.

Régularisation des pièces comptables avant le départ du bâtiment.

Il est spécialement recommandé aux Commandants des bâtiments du Roi de procurer les moyens nécessaires pour la régularisation , avant leur départ , de toutes les pièces de comptabilité rappelées ci-dessus ; et dans le cas d'empêchement résultant d'un appareillage forcé, le fait sera constaté par un procès-verbal signé des Officiers de l'état-major et visé par le Commandant.

Art. 27.

Remise des pièces de comptabilité au retour des bâtiments.

Aussitôt le retour du bâtiment en France , les pièces relatives aux fournitures et remises de vivres faites pendant la campagne, tant dans les colonies que dans les pays étrangers, seront déposées à la direction des subsistances , qui devra , immédiatement après , en envoyer copie à l'administration centrale de ce service.

Art. 28.

Envois de vivres pour prolongation de campagne.

Lorsque les vivres envoyés de France , pour prolongation de campagne , aux bâtiments du Roi en station dans les colonies , seront remis aux administrations coloniales qui se chargeront de leur garde et de leur répartition , les formes à suivre pour l'embarquement de ces vivres rentrent dans celles tracées pour les autres fournitures faites dans les colonies.

Mais lorsqu'il sera expédié des vivres à la destination spéciale d'un ou de plusieurs bâtiments à la mer , et devant être remis à la consignation du Commandant , il sera dressé procès-verbal de leur recette à bord , afin de constater la qualité des denrées et les différences qui pourraient se trouver entre l'expédition , suivant connaissement , et le versement à bord : le Commis aux vivres devra y intervenir, afin qu'après avoir reconnu les espèces et quantités de vivres dont il doit être chargé, il en fournisse son récépissé; et il lui sera délivré copie du procès-verbal de recette.

Art. 29.

Le Commis aux vivres ne doit délivrer de rations qu'aux individus portés sur les rôles et états de consommations du bord , et il ne peut leur fournir que les espèces et quantités de denrées nécessaires à la composition des rations qui leur reviennent.

S'il était obligé à d'autres fournitures , il n'y satisferait que sur un ordre écrit du Commandant du bâtiment.

Il pourra cependant fournir aux Officiers , pour la nourriture des volailles qu'ils embarquent, la mâchemoure qui proviendra du brisement naturel du biscuit : il en tirera un reçu , qu'il aura soin de remettre au retour de la campagne , à la direction des subsistances , pour qu'elle réclame le paiement de la valeur de cette mâchemoure.

Il est recommandé à tout Officier commandant l'un des bâtiments du Roi, de se pourvoir des vivres , qui lui sont nécessaires pendant la durée de la campagne qu'il doit entreprendre , tant pour lui que pour les individus attachés à son service personnel, afin d'éviter de recourir à la cambuse , et de réduire ainsi les moyens de subsistance de l'équipage.

Art. 30.

Il est expressément défendu au Commis aux vivres d'altérer les denrées de quelque manière que ce soit , d'en vendre ou d'en employer à d'autres usages qu'à la subsistance de l'équipage, d'en débarquer sans autorisation ou ordre spécial , et de consentir aucune compensation d'une denrée par d'autres , la composition des rations devant être uniforme.

Toute vente ou rachat de rations est pareillement défendu, tant aux équipages qu'aux Commis des vivres et à tous autres , tant à terre que pendant les campagnes.

Il est également défendu au Commis aux vivres , sous peine de confiscation et de destitution , d'acheter et d'introduire à bord pour le vendre , ni boissons , ni autres comestibles, la cambuse ne devant servir que pour la distribution de la ration à l'équipage.

Art. 31.

En cas de rencontre à la mer d'un navire qui aurait besoin de vivres , si le Capitaine juge à propos de lui en faire délivrer, il en sera dressé un état en double expédition, certifié par le Commis aux revues et l'Officier chargé du détail, visé par le Commandant du bâtiment qui fait le versement, et acquitté par les parties prenantes ; l'une de ces expéditions étant remise avec les denrées au bâtiment qui les reçoit et la deuxième réservée par le Commis aux vivres qui a effectué la livraison.

Si le navire auquel les vivres sont fournis, est un bâtiment du Roi ayant un Commis aux vivres, l'état de versement devra être revêtu du récépissé de ce comptable, indépendamment des autres signatures requises.

Si le navire appartient au commerce, ou s'il est étranger, le récépissé du Capitaine suffira, mais il devra indiquer le port d'armement du bâtiment, ainsi que les noms et résidences des armateurs, afin de mettre l'administration des subsistances à même de réclamer le remboursement de la valeur des objets fournis.

Art. 52.

Liquidation des rations, des fournitures extraordinaires et des pertes constatées.

La direction des subsistances du port où le compte du bâtiment est ouvert, fera emploi dans ses comptes généraux de consommations, non seulement des rations consommées suivant les feuilles de mouvements, mais aussi des fournitures extraordinaires légalement justifiées ; si cependant quelques-unes de ces dernières paraissaient susceptibles d'observations, le Directeur les soumettrait à l'Administrateur en chef du port qui en référerait au Conseil d'administration, s'il y avait lieu, avant d'apposer son *visa* au bas des états qui les constateraient. Les états ou certificats jugés non admissibles en liquidation seraient réservés, pour être représentés lors de l'apurement du compte, ainsi qu'il sera dit ci-après.

Les pertes résultant des cas de force majeure indiqués aux articles 8 et 14 ne seront liquidées, dans les comptes généraux de consommations, qu'autant que les procès-verbaux qui les constatent auront été visés par l'Administrateur en chef du port comptable ; et si cet Administrateur ou le Conseil d'administration ne les juge pas admissibles, la représentation de ces procès-verbaux aura lieu seulement lors de l'apurement du compte.

Art. 55.

Consommations du bois de chauffage et dispositions y relatives.

Le bois embarqué pour la cuisson des aliments de l'équipage doit être commun aux cuisines du Capitaine et de l'état-major : et s'il en est consommé pour d'autres services, les quantités sont constatées ainsi qu'il est dit à l'article 13.

Quoique les Préposés des vivres à bord des vaisseaux du Roi n'y soient pas spécialement chargés de la garde et de la distribution du bois à brûler, le Commis comptable ne doit pas moins en surveiller l'emploi, afin que la consommation n'excède pas les proportions d'après lesquelles ce combustible est embarqué ; mais cette surveillance doit être également et plus efficacement exercée par le Commis aux revues et l'Officier chargé du détail.

Si le bâtiment se trouve près de parages où l'on puisse se procurer du bois gratuitement, et que le Commandant juge à propos de s'en approvisionner, les quantités qui proviendront de ces coupes seront constatées à leur arrivée à bord, et le compte du Commis aux vivres en sera débité afin que la totalité du bois de chauffage qui se trouvera à bord lors du désarmement, soit remise dans les magasins de l'administration des subsistances.

Les fournitures du bois d'arrimage devant être faites par le détail des approvisionnements de la marine, et ne concernant aucunement le service des vivres du bord, si l'administration des subsistances était dans le cas d'en effectuer, elles seraient liquidées d'après les livraisons des magasins sans entrer dans la comptabilité du Commis ; et par suite, la remise de ce qui reste à bord en cette espèce de bois, doit être faite au magasin général par les soins du Maître d'équipage.

Art. 34.

Si le bâtiment était désarmé dans les colonies ou dans un port étranger, il serait dressé procès-verbal constatant les espèces et quantités de vivres et ustensiles remis à terre. En cas de vente, il en sera également dressé procès-verbal (1).

Voir la dépêche du 12 mars 1825.

Désarmement dans les colonies ou en pays étrangers.

---

(1) Si les barriques vides ou autres fûts du service des vivres formaient un encombrement trop considérable, la vente en serait ordonnée par le Commandant du bâtiment et faite au profit du gouvernement par l'Agent comptable, sous la surveillance de l'Officier chargé du détail. Dans les ports de relâche où il n'y

Le Commis aux vivres signera ces procès-verbaux, et en rapportera une expédition à l'appui de son compte.

Art. 35.

Désarmement en France.

Lorsque le bâtiment est de retour en France et qu'il doit désarmer, le Commis aux revues fait une demande de remettre dans les magasins de l'administration des subsistances les vivres et ustensiles restant à bord ; cette demande, après avoir été revêtue de la signature de l'Administrateur en chef du port, est remise à la direction qui expédie les ordres de recette en magasin.

Le Commis aux vivres suivra avec soin le débarquement des denrées et ustensiles ; il retirera des Gardes-magasins les récépissés des quantités remises, qui seront constatées en présence du Commis aux revues et de l'Officier de corvée, comme pour l'embarquement des denrées ; ces formalités devant d'ailleurs être toujours remplies chaque fois qu'il y a lieu de remettre des vivres à terre.

Art. 36.

Retour du bâtiment dans un port autre que celui où il a été armé.

Le compte des vivres de chaque bâtiment étant d'abord ouvert au chef-lieu du port où il a été armé, c'est là que doivent être adressées toutes les pièces relatives à sa comptabilité.

Lorsque le bâtiment effectue son retour dans un port autre que celui d'armement, le premier réclame de l'autre une copie du compte courant,

---

aurait pas de préposés pour le recevoir, le produit en serait déposé à la caisse du bâtiment, pour être, au retour de la campagne, versé dans celle du Payeur de la marine. Le premier Commis en fera la transcription sur ses registres et joindra à sa comptabilité un état en forme de ces ventes, visé par qui de droit.

Si, pour le service du bâtiment, il est nécessaire de disposer de quelques effets appartenant à celui particulier des vivres, le premier Commis ne s'en dessaisira que sur la réquisition de l'Agent comptable et l'ordre par écrit du Commandant du bâtiment. Il en sera dressé un état détaillé, qu'il transcrira sur ses registres et qui sera envoyé, comme les autres pièces de dépenses des vivres, pour faire partie de la comptabilité du mois où les ustensiles auront été pris pour le service du bord. (*Art.* 29 *de l'Instruction du* 1ᵉʳ *avril* 1813).

pour servir de contrôle à celui présenté par le Commis ; cet extrait doit
être envoyé sans délai ; aussitôt sa réception, le port de désarmement
réclame du bord les pièces qui pourraient rester à produire ; il en fait emploi
dans ses comptes généraux de consommations , et complète par ce moyen
le compte ouvert pour la gestion du Commis. Mais si le bâtiment devait
rester armé , le port de relâche se bornerait à réclamer et à envoyer à
celui d'armement , les pièces de comptabilité qui ne lui auraient pas été
déjà adressées , en y joignant un état des fournitures, remises et liquida-
tions dont il aurait été l'objet pendant le temps de sa relâche.

Enfin , si un bâtiment se trouve , à la fin d'un exercice , dans un port
autre que celui où il a été armé , il ne cessera pas , par ce motif, de
compter au port d'armement (à moins de dispositions particulières et
spéciales) ; mais le port qui a reçu les inventaires, en fera passer copie
au port où le compte est ouvert.

Art. 37.

Dans la quinzaine qui suivra le désarmement du bâtiment, le Commis
aux revues déposera au bureau des armements le ou les rôles de rations
qu'aura exigés la durée de l'armement du bâtiment, avec les pièces à l'appui.

Reddition des comptes.

Ces rôles étant nominatifs, et présentant, non seulement le nombre
des rations consommées par chacun des individus embarqués , mais aussi
toutes les recettes et les dépenses matérielles en denrées et ustensiles ,
doivent servir de contrôle au compte à fournir par la direction des subsistances ; ils servent aussi à comparer le montant des rations y inscrites avec
celui des rations allouées au Commis d'après les feuilles de mouvements ,
et à faire connaître les causes des différences qui pourraient s'y rencontrer.

Le Commis aux vivres déposera dans le même délai , à la direction
des subsistances, son ou ses registres de comptabilité , avec les pièces dont
il n'aurait pu jusqu'alors faire la remise ; car toutes celles relatives à des
consommations en rations , fournitures extraordinaires , pertes et autres
dépenses, tant en denrées qu'en ustensiles , doivent être remises ou adressées successivement au port comptable, ainsi qu'il a été dit précédemment.
Il y joindra un mémoire circonstancié des remarques qu'il aurait pu faire
pendant la campagne, notamment sur la qualité et la conservation des

denrées , sur la conduite et l'aptitude de ses subordonnés , et enfin sur les contraventions aux réglements qui pourraient avoir été commises et auxquelles il aurait été obligé de souscrire ; ce mémoire sera envoyé à l'Administrateur des subsistances , qui en référera au Ministre , lorsqu'il y aura lieu.

La direction des subsistances , après avoir complété, ainsi qu'il a été dit à l'article 36 , le compte ouvert au Commis , le clora , et en adressera une expédition en forme à l'Intendant ou Ordonnateur du port , avec les pièces qui doivent l'accompagner.

Cette remise aura lieu au plus tard dans le mois qui suivra celui du dépôt des registres et pièces de comptabilité du bord.

Art. 38.

Pièces à rapporter à l'appui des comptes de Commis.

Les pièces que la direction des subsistances doit rapporter à l'appui des comptes de Commis , sont les états de composition des repas , ceux de versements de bord à bord , les procès-verbaux constatant des pertes non liquidées , enfin toute pièce dont il n'aurait pas déjà été fait emploi dans les comptes généraux de l'administration des subsistances ; les autres pièces comptables, telles que les bons de livraisons acquittés , les états de mouvements , certificats de fournitures extraordinaires liquidées , etc. , devant être rapportés par la direction des subsistances , à l'appui des comptes mensuels qu'elle rend à l'administration centrale de ce service. Cette direction joint aussi au compte rendu une note appréciative des excédants et des manques qu'il présente.

Art. 39.

Commission d'examen des comptes.

Dans les ports où il a été institué une commission spéciale pour l'examen des comptes à rendre par les Commis aux revues , pour les différents Maîtres et autres Agents responsables à bord des vaisseaux du Roi , l'Administrateur en chef pourra également la charger d'examiner la comptabilité des vivres : elle émettra alors son avis sur les excédants et les manques présentés par le compte du Commis sur les différences qui pourraient se remarquer entre le montant des rations portées à son crédit d'après les feuilles de mouvements et celles résultant des rôles de rations ; sur les déchets à allouer en sus des 3 pour 0|0 déjà passés en dépense dans les

consommations des vivres de campagne , et jusqu'à la concurrence des 10
et 12 pour o|o embarqués sur les farine, biscuit et boissons ; sur l'admission
ou le rejet des procès-verbaux , certificats, états de fournitures extraordinaires et autres pièces non liquidées ni employées au crédit du compte ;
enfin sur le résultat général de la gestion du Commis , et elle fera du tout
le sujet d'un rapport au conseil d'administration.

Toutes les fois que cette commission s'occupera de l'examen de la comptabilité des vivres , le Directeur des subsistances devra être nécessairement
appelé et en faire partie , ou , à défaut du Directeur, un Commis principal de cette administration.

Art. 40.

Lorsque le conseil d'administration aura prononcé sur la gestion d'un
Commis aux vivres , son compte , ainsi que les pièces à l'appui , seront
renvoyés au Directeur des subsistances avec une copie du rapport et de la
délibération du conseil y relatifs ; ce Directeur adressera sur-le-champ
toutes ces pièces à l'administration centrale de ce service , où elles seront
soumises à une dernière vérification sur les comptes ouverts dans les bureaux
de cette administration.

Aussitôt que l'exactitude de ce compte a été reconnue , l'Administrateur
des subsistances en fait le sujet d'un rapport au Ministre , qui approuve
définitivement les décisions du Conseil d'administration ou les modifie ,
lorsqu'il y a lieu , et la décharge est transmise au comptable par l'administration des subsistances.

Le Président du Conseil d'administration , ou l'Administrateur en Chef
du port, adressera néanmoins au Ministre une expédition de la délibération du Conseil , et le Ministre lui fera connaître la décision qui interviendra.

Art. 41.

Une partie de la solde acquise par le Commis comptable sera réservée
provisoirement et jusqu'à l'apurement définitif de son compte , comme ga-
rantie des déficits dont il pourrait être reconnu débiteur : cette retenue
n'excédera pas cependant trois ou quatre mois de solde intégrale ; et elle
cessera aussitôt que le Commis aura été libéré de sa responsabilité.

Aucun Commis aux vivres ne pourra désormais être embarqué comme comptable, s'il n'a rendu les comptes de sa gestion antérieure, et s'il n'en a obtenu une décharge.

Art. 42.

Moyens de subsistance accordés aux Commis comptables pendant la reddition de leurs comptes et gratifications pour bonnes gestions.

Afin de procurer au Commis aux vivres des moyens d'existence pour le temps qu'exige la reddition de son compte, ce préposé sera, pendant le mois qui suivra le désarmement du bâtiment, placé à la caserne des marins, où il recevra la 1|2 solde et la ration (1).

Lorsqu'un Commis aux vivres aura rendu des comptes satisfaisants, il sera dans le cas de recevoir une gratification, proportionnée aux bons résultats que sa gestion aura présentés

Cette gratification sera accordée par le Ministre, sur la proposition du Conseil d'administration ou sur celle de l'Administrateur des subsistances.

Art. 43.

Comptes à rendre lors des changements de Commis comptables.

Enfin, lorsqu'il y a lieu de remplacer un Commis comptable des vivres à bord d'un bâtiment du Roi, pour quelque cause que ce soit, et que son successeur ne consent pas à se charger de la comptabilité antérieure à l'époque de son entrée en fonctions, les comptes du Commis débarqué doivent être rendus et liquidés dans la même forme que ceux apurés à la suite des désarmements : il devra en conséquence, être dressé inventaire des denrées et ustensiles restant à bord au moment de la mutation, ainsi que cela a été prescrit ci-dessus à l'article 2.

Il faut observer seulement que, dans ce cas, la remise des rôles de rations n'ayant pas lieu, la commission d'examen ne peut comparer le montant des rations allouées au Commis suivant les feuilles de mouvements, avec celui ressortant des rôles de rations ; mais comme la tenue de ce rôle ne concerne pas le Commis aux vivres et qu'il ne doit pas conséquemment répondre des différences qu'il pourrait exister entre son montant et celui des feuilles qui lui sont remises pour sa décharge, la com-

---

(1) Les Commis aux vivres jouiront de la solde entière à la caserne des marins pendant un mois, comme les Magasiniers et les autres Maîtres chargés. (*Dépêche du 17 septembre* 1825). (Subsistances).

paraison dont il s'agit ne se fera qu'après le désarmement : ainsi il n'y aura pas lieu de clore ce rôle à l'occasion de la mutation ; le Commis aux revues devra seulement totaliser les recettes et les dépenses en denrées et ustensiles, inscrites jusqu'alors sur ce rôle, les balancer et remettre un extrait de cette balance, pour servir de contrôle au compte à présenter par la direction des subsistances.

Art. 44.

Chacun des articles de la présente instruction n'étant que le rappel d'ordonnances, décisions et réglements antérieurs, doit être considéré comme devant avoir une exécution rigoureuse, et le Ministre en fait l'objet de ses recommandations spéciales à chacun des Officiers militaires et civils de la marine.

Paris, le 4 avril 1820.

Le Ministre Secrétaire d'État de la Marine
et des Colonies ,

Signé Bon PORTAL.

DÉPÊCHE *du* 28 *novembre* 1815. (Subsistances).

M. le Préfet, le traitement de table accordé aux Officiers commandants les bâtiments du Roi, a pour objet de leur procurer les moyens de se pourvoir des vivres qui leur sont nécessaires pendant la durée de la mission qu'ils ont à remplir.

Cependant, il est souvent arrivé que ces Officiers, pour s'affranchir du soin de faire leurs approvisionnements, les ont tirés de la cambuse quoiqu'il n'en résulte aucune perte pour l'Etat, puisqu'ils en font le remboursement ; cependant cette facilité, qui ne leur est accordée que dans le cas où la campagne se prolonge au-delà du terme de la durée présumée, peut entraîner des inconvénients trop graves, tels que ceux de réduire les quantités de vivres embarqués pour l'équipage , pour être davantage tolérée.

Vous voudrez bien donner des ordres dans votre arrondissement pour que dorénavant, sous aucun prétexte , les Commandants des bâtiments ne se dispensent pas d'assurer eux-mêmes leurs moyens de subsistance pendant la campagne qu'ils auront à remplir. Vous défendrez aux Agents comptables et aux Commis aux vivres de délivrer aucune espèce de vivres pour la table de ces Officiers ou la subsistance des individus attachés à leur service particulier, ceux qui sont portés sur les rôles devant seuls participer aux distributions que fait la cambuse.

Les fournitures extraordinaires de vivres et hors du service en rations continueront à se faire sur l'ordre motivé du Commandant , visé par l'Agent comptable et l'Officier chargé du détail à bord, et vous rappellerez à ces deux Administrateurs de bord qu'ils resteront solidairement responsables avec le Commis aux vivres, de toutes livraisons qui auraient eu lieu contradictoirement à cette disposition.

<hr>

DÉPÊCHE du 30 novembre 1819. (Ports).

Défense de consommer en rade le vin de campagne.

Messieurs , je suis informé que les Officiers commandants des bâtiments du Roi, autorisent quelquefois dans les rades , la consommation du vin fourni pour la campagne et font remplacer celui-ci dans la cale par du vin de journalier.

Il en résulte que le vin délivré pour le journalier se décompose par la prolongation de son séjour à bord; que les équipages sont privés de leur ration dans les derniers tems de la campagne, si elle égale en durée le nombre de mois pour lesquels les vivres ont été embarqués, et qu'enfin, dans le cas contraire, l'administration des subsistances est forcée , au désarmement, de faire jeter à la mer le vin gâté.

Je vous prie de donner les ordres les plus sévères pour prévenir cet abus.

DÉPÊCHE du 26 *novembre* 1821. (Subsistances).

Monsieur, les comptes généraux rendus par l'administration des sub-   Nouvelle recommandation
sistances pour le service de l'année 1820, viennent de m'être soumis, et   faite aux Commis aux revues
j'ai remarqué que celui en *rations* était incomplet, en ce que, lors de sa   pour la prompte remise des
clôture (qui n'a cependant eu lieu que le 31 octobre dernier), différents   pièces de comptabilité.
Bâtiments du Roi n'avaient pas encore fait parvenir en France, l'intégralité
de leurs feuilles de mouvements, et des autres pièces justificatives des
consommations de ladite année.

Quoique ce nombre de bâtiments en retard soit moindre, pour ce dernier exercice que pour les deux années précédentes, il est encore trop
considérable, et si l'on considère que ces bâtiments se trouvaient en 1821
dans les mers d'Amérique ou sur les côtes d'Afrique, et qu'un délai de
10 mois était plus que suffisant pour obtenir les pièces dues, leur manque
ne pourra être attribué qu'à un défaut de soins de la part des Commis
aux revues.

Il paraît même que leur incurie se prolonge après l'arrivée des bâtiments
dans les ports de France, et que quelques-uns sont désarmés ou repartis pour
une nouvelle campagne, avant que la direction des subsistances ait pu
obtenir ou faire régulariser les pièces qui lui sont nécessaires pour la comptabilité de la précédente.

Il est aussi des Commis aux revues qui croient devoir se borner à viser
les pièces relatives aux fournitures et consommations extraordinaires, en
laissant le soin de leur rédaction, soit aux Officiers de santé, pour ce qui
concerne diverses espèces de distributions, soit aux Commis aux vivres
pour les autres, ce qui peut entraîner des abus ; enfin d'autres se bornent
à délivrer des copies certifiées de ces sortes de pièces, en réservant les
originaux par-devers eux, tandis que ce sont ces derniers qui doivent
être remis et rapportés à l'appui des comptes.

Comme il importe de faire cesser les négligences que je viens de vous
signaler et de rétablir de plus en plus l'ordre et l'uniformité convenables
dans l'une des plus importantes parties de la comptabilité des bords, je

vous invite à rappeler, par une circulaire spéciale, aux Commis aux revues et aux approvisionnements, tant embarqués maintenant sur les bâtiments du Roi qu'à ceux qui le seront par la suite, les dispositions prescrites par l'instruction réglementaire que j'ai arrêtée le 4 avril 1820 et dont chacun d'eux doit être nanti, notamment celles comprises dans les articles 12, 13, 14 et 27 de ladite instruction, en leur notifiant que ceux qui négligeront de s'y conformer pourront être privés de la gratification à laquelle ils auraient droit d'après le décret du 29 fructidor an 12, et que je me ferai rendre un compte particulier, chaque année, sur les causes du retard qu'aurait éprouvé la remise des pièces de comptabilité *Vivres* de l'exercice précédent.

DÉPÊCHE *du* 7 *juin* 1822. (Subsistances).

Recommandations sur la conservation des futailles et autres ustensiles embarqués pour le service des vivres.

Messieurs, d'après l'article 14 de l'instruction réglementaire du 4 avril 1820, sur la tenue de la comptabilité des vivres à bord des bâtiments du Roi, les futailles vides dont l'encombrement pourrait gêner, doivent être vendues dans les lieux de relâche, et il n'en doit être brûlé ou jeté à la mer que dans des circonstances extraordinaires.

Cependant, je vois par les comptes *vivres* qui me sont journellement soumis, que l'on a peu d'égards aux mesures prescrites à ce sujet, par l'instruction précitée, et que l'on est généralement dans l'usage de brûler à bord toutes les futailles et caisses à mesure qu'elles se vident ; le motif d'encombrement étant d'ailleurs presque toujours le seul indiqué dans les pièces rapportées pour justifier ces sortes de dépenses, pièces qui ne sont encore pour la plupart que des certificats numériques.

De telles facilités dans l'admission des consommations de cette espèce, ne peuvent qu'entraîner la perte réelle d'objets utiles et qui, en somme, sont d'une valeur assez importante.

Quelques-uns de ces objets, tels que les quarts à salaisons qui sont de nulle valeur au retour des campagnes, peuvent, sans contredit être brûlés à mesure qu'ils se vident ; mais il n'en doit pas être de même des quarts, barriques, boucauts, caisses, etc. ayant contenu soit du vin, soit de l'eau-de-vie, soit des matières sèches, qui étant en bottes, tiennent peu d'espace à bord et peuvent encore être utilisés dans les ateliers des vivres.

Je crois donc devoir vous inviter à appeler sur les dépenses en question l'attention, non seulement de MM. les Commandants des bâtiments du Roi, mais aussi celle des Commis aux revues, afin qu'il soit apporté désormais plus de soins à bord dans la conservation des futailles vides, ainsi que dans les formalités à suivre pour justifier de la dépense de celles que l'on est dans le cas d'y faire consommer.

DÉPÊCHE *du* 31 *août* 1826. (Subsistances).

Messieurs, par ma circulaire du 7 juin 1822 sous le timbre *subsistances*, je vous invitais à appeler l'attention de MM. les Commandants des bâtiments du Roi, sur les ustensiles et futailles vides que l'on était dans l'usage de brûler à bord pour éviter l'encombrement, et je recommandais qu'il fût apporté plus de soins dans la conservation de ces ustensiles qui, pour la plupart étant mis en bottes, tiennent peu de place à bord et peuvent encore être utilisés dans les ateliers des vivres au retour de ces bâtiments.

Ces recommandations sont applicables aussi aux caisses à coulisses, boucauts, etc., servant, soit à l'embarquement des vivres de campagne à bord des bâtiments du Roi, dans les ports de France, soit au transport des vivres de prolongation de campagne aux diverses stations. Ces ustensiles employés pour préserver de brisement et de détérioration, le biscuit et les autres denrées, sont d'une valeur assez importante qui augmente le prix de la ration; il est donc très-essentiel d'en prendre beaucoup de soin afin de prolonger leur durée le plus possible

Veuillez, en conséquence, Messieurs, renouveler avec force à MM. les Commandants des bâtiments du Roi, l'invitation de veiller à ce que tous les ustensiles contenant des vivres à bord ou servant seulement à leur embarquement, soient ménagés dans le mouvement par les hommes des équipages ; que ceux vidés pendant les campagnes soient conservés soigneusement pour être remis en magasin et réemployés ; enfin que la dépense des ustensiles dont des circonstances extraordinaires auraient nécessité la consommation, soit constatée dans les formes voulues et justifiées par des motifs péremptoires.

———◦◦◦◦◦———

DÉPÊCHE du 12 mars 1825.

Indemnité accordée aux matelots employés à couper du bois.

Messieurs, depuis plusieurs années une indemnité était réclamée en faveur des équipages des bâtiments du Roi qui, pendant leur séjour en des parages éloignés, sont occupés à couper et à transporter à bord, du bois de chauffage pour le service desdits bâtiments.

Cette corvée, fort pénible pour les marins qui en sont chargés, leur occasionnant des pertes dans leurs vêtements et souvent des blessures ou des maladies dangereuses, il m'a paru juste d'accueillir la réclamation qui a été faite en leur faveur, et d'après l'avis du Conseil d'amirauté, j'ai décidé qu'il leur serait accordé une indemnité pour les quantités de stères de bois qu'ils auront exploitées, et je l'ai fixée à la moitié de la valeur du bois de chauffage dans les ports d'armement, à l'époque du départ des bâtiments.

Conformément à l'article 53 de l'Instruction ou réglement sur la tenue et l'apurement de la comptabilité *Vivres*, à bord des vaisseaux du Roi, les quantités de bois provenant des coupes seront constatées à leur arrivée à bord pour en débiter le compte du Commis aux vivres. Il en sera dressé un acte appuyé de la liste nominative des hommes qui auront coupé et transporté ce bois, et entre lesquels seulement l'indemnité devra être répartie uniformément. La dépense de cette allocation sera supportée par le chapitre *Vivres*.

———◦◦◦◦———

EXTRAIT d'une Dépêche du 29 novembre 1822.
(Subsistances).

J'ai fait prendre note des motifs qui peuvent quelquefois occasioner une augmentation de dépenses en rations à bord d'un bâtiment dont l'armement est pressé ; mais comme la conservation instantanée à bord d'un navire de marins , soldés par la Cayenne et nourris par le bord , rompt nécessairement l'accord qui doit toujours exister , non seulement entre la fixation réglementaire de l'équipage et ses consommations , mais aussi entre le rôle de solde et celui de rations , il me paraîtrait convenable que ces additions temporaires à l'équipage fussent notées tant sur les rôles que sur les feuilles de mouvements , afin de prévenir toutes demandes et recherches ultérieures à leur sujet , et je vous invite à donner les ordres nécessaires pour que cette précaution soit prise chaque fois qu'il faudra recourir à un supplément d'équipage pour accélérer l'armement d'un bâtiment.

Connaissance à donner des additions temporaires d'hommes pour presser les armements.

Article 189 de l'Ordonnance du 31 Octobre 1827.

Le Capitaine fera examiner les vivres qui devront être embarqués pour la campagne , par une Commission composée de l'Officier chargé du détail des vivres , du Commis d'administration et du Chirurgien-major.

Le Commis aux vivres , le Maître boulanger , un Maître ou un second Maître et un Sous-Officier des troupes passagères , s'il en est embarqué , seront appelés à cet examen. Le Capitaine enjoindra à cette Commission de ne recevoir que des vivres de bonne qualité , et il rendra compte au Préfet du rapport qu'elle lui aura fait.

En cas de contestation sur la qualité de ces vivres , il sera procédé conformément aux dispositions de l'art. 186 (1).

Examen des vivres qui doivent être embarqués.

---

(1) Le Capitaine ne pourra refuser la mâture , la voilure , les agrès et les munitions qui auront été jugés susceptibles d'un bon service par les directions du port.

Mais , si ces objets lui paraissent défectueux , il pourra présenter ces observations au Préfet maritime qui , après avoir fait procéder à une vérification contradictoire , prononcera définitivement (*Art.* 186).

TABLEAU

Des Grades , Classes , Paies mensuelles et Suppléments de paie accordés aux Commis et autres Préposés des Vivres sur les bâtiments du Roi , conformément aux Ordonnances des 17 mars et 23 juin 1824.

DÉSIGNATION DES GRADES, CLASSES ET PAIES DES PRÉPOSÉS DES VIVRES.	VAISSEAUX							
	de 126 bouches à feu (ancien 120)		de 100 bouches à feu		de 90 et de 86 bouches à feu (ancien 80).		de 82 bouches à feu (ancien 74).	
Le bureau des armements paie, sur les fonds du chapitre 2, à chaque préposé embarqué, la somme de 36 fr. par mois. Le complément et le supplément de paie de ces agents, restent seuls à la charge du chapitre 4, et doivent être acquittés par les soins de la direction des subsistances.	guerre	paix.	guerre	paix.	guerre	paix.	guerre	paix.
	1070 hom.	723 hom.	890 hom.	654 hom.	801 hom.	592 hom.	671 hom.	500 hom.
PREMIERS COMMIS de 1re classe à 100 fr. de paie et 30 fr. de supplém.	1	1	1	1	»	»	»	»
de 1re classe à 100 fr. de paie et 25 fr. de supplém.	»	»	»	»	1	1	1	1
de 2e classe. à 90 fr. de paie, plus un supplément de 25 fr. tant sur les vaisseaux que sur les frégates portant du 24, et de 20 f. sur les frégates portant du 18.....	»	»	»	»	»	»	»	»
SECONDS COMMIS de 1re classe à 60 fr. de paie, plus 15 fr. de supplément, lorsqu'ils sont embarqués comme comptables, mais sur les corvettes seulement............	1	1	1	1	1	1	1	1
de 2e classe à 54 fr. de paie.....	1	1	1	1	»	»	»	»
DISTRIBUTEURS.. de 1re classe à 45 fr. de paie............	1	1	1	»	1	1	1	1
de 2e classe à 42 fr. de paie............	2	1	1	1	1	»	1	»
TONNELIERS.... de 1re classe à 45 fr. de paie............	1	1	1	1	1	1	1	1
de 2e classe à 42 fr. de paie............	»	»	»	»	»	»	»	»
BOULANGERS... de 1re classe à 42 fr. de paie............	1	1	1	1	1	1	1	1
de 2e classe à 36 fr. de paie............	»	»	»	»	»	»	»	»
COQS........ de 1re classe à 45 fr. de paie............	1	1	1	1	1	1	1	1
de 2e classe à 36 fr. de paie............	2	1	1	1	1	1	1	1
	11	9	9	8	8	7	8	7

FRÉGATES										CORVETTES							
Vaisseau rasé ou frégate de 58 bouches à feu portant du 36.		de 5. bouches à feu portant du 20, ou vaiss. rasé de 14 (nette assortie).		de 58 bouches à feu portant du 24.		de .. bouches à feu portant du 24.		de 46 bouches à feu portant du 18.		À GAILLARDS. de 32 bouches à feu.		de 28 bouches à feu.		SANS GAILLARDS. de 24 bouches à feu.		de 20 bouches à feu.	
guerre	paix.	guerre	paix.	guerre	paix.	guerre	paix.	guerre	paix.	guerre	paix.	guerre	paix.	guerre	paix.	guerre	paix.
[..]9 hom.	410 hom.	504 hom.	392 hom.	459 hom.	358 hom.	425 hom.	332 hom.	325 hom.	258 hom.	220 hom.	188 hom.	201 hom.	169 hom.	160 hom.	140 hom.	120 hom.	107 hom.
»	»	»	»	»	»	»	»	»	»	»	»	»	»	»	»	»	»
1	»	1	»	»	»	»	»	»	»	»	»	»	»	»	»	»	»
»	1	»	1	1	1	1	1	1	1	»	»	»	»	»	»	»	»
1	»	1	»	»	»	»	»	»	»	1	1	1	1	1	1	1	1
[illeg.]	[illeg.]	[illeg.]	[illeg.]	[illeg.]	[illeg.]	[illeg.]	[illeg.]	[illeg.]	[illeg.]	[illeg.]	[illeg.]	[illeg.]	[illeg.]	[illeg.]	[illeg.]	[illeg.]	[illeg.]
[illeg.]	[illeg.]	[illeg.]	[illeg.]	[illeg.]	[illeg.]	[illeg.]	[illeg.]	[illeg.]	[illeg.]	[illeg.]	[illeg.]	[illeg.]	[illeg.]	[illeg.]	[illeg.]	[illeg.]	[illeg.]
[illeg.]	[illeg.]	[illeg.]	[illeg.]	[illeg.]	[illeg.]	[illeg.]	[illeg.]	[illeg.]	[illeg.]	[illeg.]	[illeg.]	[illeg.]	[illeg.]	[illeg.]	[illeg.]	[illeg.]	[illeg.]
1	»	1	»	1	»	1	»	»	»	»	»	»	»	»	»	1	1
1	»	1	»	1	»	1	»	»	»	»	»	»	»	»	»	»	»
»	1	»	1	»	1	»	1	1	1	1	1	1	1	1	1	1	1
1	»	1	»	1	»	1	»	»	»	»	»	»	»	»	»	»	»
»	1	»	1	»	1	1	»	1	1	1	1	1	1	1	1	»	»
1	»	1	»	1	»	1	»	»	»	»	»	»	»	»	»	1	1
8	6	8	6	8	6	8	6	6	6	5	5	5	5	5	5	5	5

DÉSIGNATION DES GRADES, CLASSES ET PAIES DES PRÉPOSÉS DES VIVRES.	CORVETTES de charge de 800 tonneaux.		AVISOS de 18 bouches à feu.		de 20 bouches à feu.	
	guerre	paix.	guerre	paix.	guerre	paix.
	150 hom.	132 hom.	110 hom.	100 hom.	112 hom.	100 hom.
PREMIERS COMMIS — de 1re classe à 100 fr. de paie et 30 fr. de supplém.	»	»	»	»	»	»
à 100 fr. de paie et 25 fr. de supplém.	»	»	»	»	»	»
de 2e classe à 90 fr. de paie, plus le supplément selon le rang des bâtiments.....	»	»	»	»	»	»
SECONDS COMMIS — de 1re classe à 60 fr. de paie, plus 15 fr. de supplément, lorsqu'ils sont embarqués comme comptables, mais sur les corvettes seulement............	1	1	1	1	1	1
de 2e classe à 54 fr. de paie.....................	»	»	»	»	»	»
DISTRIBUTEURS — de 1re classe à 45 fr. de paie..................	1	1	»	»	»	»
de 2e classe à 42 fr. de paie..................	»	»	1	1	1	1
TONNELIERS — de 1re classe à 45 fr. de paie..................	»	»	»	»	»	»
de 2e classe à 42 fr. de paie..................	»	»	1	1	1	1
BOULANGERS — de 1re classe à 42 fr. de paie..................	»	»	»	»	»	»
de 2e classe à 36 fr. de paie..................	1	1	1	1	1	1
COQS — de 1re classe à 45 fr. de paie..................	»	»	»	»	»	»
de 2e classe à 36 fr. de paie..................	1	1	1	1	1	1
	4	4	5	5	5	5

BRIKCS				GOELETTES BRIKCS		CANONNIÈRES BRIKCS		GOELETTES		GABARES							
de 18 bouches à feu		de 10 à 12 bouches à feu		de 18 bouches à feu		de 8 bouches à feu		de 6 à 8 bouches à feu		de 400 à 500 tonneaux		de 350 à 400 tonneaux		de 250 à 350 tonneaux		de 200 tonneaux et au-dessous	
guerre	paix	guerre	paix	guerre	paix	guerre	paix	guerre	paix	guerre	paix	guerre	paix	guerre	paix	guerre	paix
95 hom.	85 hom.	71 hom.	63 hom.	90 hom.	80 hom.	48 hom.	48 hom.	60 hom.	55 hom.	98 hom.	86 hom.	75 hom.	68 hom.	66 hom.	59 hom.	43 hom.	43 hom.
»	»	»	»	»	»	»	»	»	»	»	»	»	»	»	»	»	»
»	»	»	»	»	»	»	»	»	»	»	»	»	»	»	»	»	»
»	»	»	»	»	»	»	»	»	»	»	»	»	»	»	»	»	»
1	1	1	1	1	1	»	»	»	»	1	1	1	1	1	1	»	»
»	»	»	»	»	»	»	»	1	1	»	»	»	»	»	»	1	1
»	»	»	»	»	»	1	1	»	»	»	»	»	»	»	»	»	»
1	1	1	1	1	1	»	»	1	1	1	1	1	1	1	1	1	1
»	»	»	»	»	»	»	»	»	»	»	»	»	»	»	»	»	»
»	»	»	»	»	»	»	»	»	»	»	»	»	»	»	»	»	»
»	»	»	»	»	»	»	»	»	»	»	»	»	»	»	»	»	»
»	»	»	»	»	»	»	»	»	»	»	»	»	»	»	»	»	»
1	1	»	»	1	1	»	»	»	»	1	1	»	»	»	»	»	»
»	»	»	»	»	»	»	»	»	»	»	»	»	»	»	»	»	»
1	1	1	1	1	1	1	1	1	1	1	1	1	1	1	1	1	1
4	4	3	3	4	4	2	2	3	3	4	4	3	3	3	3	3	3

Table des Matières.

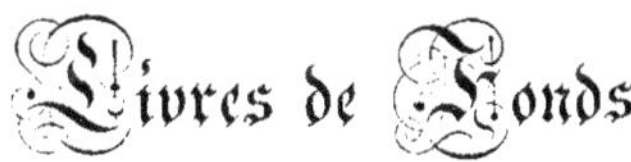

Livres de Fonds

De L. LAURENT, Libraire, sur le Port, à Toulon.

CONSTRUCTION ET USAGE de quelques Tables particulières pour abréger les Calculs d'astronomie nautique, avec l'application aux problèmes les plus utiles de la navigation ; par M. J. A. Mazure-Duhamel, premier professeur de l'école de navigation du port de Toulon, et conservateur de l'observatoire de la marine. 1 vol. in-4°, fig.. 3 fr. 5o c.

ORDONNANCE DU ROI sur le service des Officiers, des Élèves et des Maîtres à bord des bâtiments de la marine royale, un fort vol. in-18, 1828. Broché 4 fr. 5o c. Cartonné... 5 »

_{Cette édition, d'un format plus commode pour les bords que les éditions in-8°, est la plus complète que l'on ait publié. Il y est joint une TABLE ANALYTIQUE raisonnée de toute l'ORDONNANCE et des cinq règlemens, qui est le complément indispensable de cet ouvrage. Cette table ne se trouve dans aucune autre édition.}

LOIS PÉNALES pour l'administration de la justice à bord des vaisseaux du Roi, précédées d'un *Commentaire sur leur application*. 1828. 1 vol. in-18 broché. 3 fr.

_{On a réuni dans ce RECUEIL toutes les dispositions pénales sur lesquelles repose aujourd'hui l'ADMINISTRATION de la JUSTICE à bord des vaisseaux du Roi. Rien n'en prouve mieux l'utilité que l'empressement de MM. les Officiers de marine à se le procurer. Le Gouvernement en a fait prendre un bon nombre d'exemplaires pour le service des vaisseaux. En moins de deux mois l'édition se trouve presque épuisée.}

SERVICE DE L'ADMINISTRATION des vaisseaux du Roi, ou Recueil des Lois, Ordonnances et Instructions qui régissent les différentes parties de la Comptabilité et réglent l'exercice de la Justice à bord des bâtiments de S. M. ; par un Administrateur en chef de la Marine. 1 vol. in-4°.............................. 9 fr.

_{Ce Recueil manquait aux personnes chargées de suivre ou de surveiller la comptabilité à bord des vaisseaux. Il s'adresse donc naturellement aux officiers militaires, comme aux officiers civils de la marine. Il réunit toutes les dispositions en vigueur et sera un manuel complet pour l'administration des bâtiments du Roi. Il est divisé en trois titres principaux, où l'on a classé séparément tout ce qui se rattache au PERSONNEL, au MATÉRIEL et aux VIVRES ; et est suivi d'une quatrième partie non moins importante et d'un intérêt encore plus général, celle de la JUSTICE.}

MANUEL DU PILOTE DE LA MER MÉDITERRANÉE, ou description des côtes d'Espagne, de France, d'Italie et d'Afrique dans la Méditerranée, depuis le détroit de Gibraltar jusqu'au cap Bon pour l'Afrique, et jusqu'en-dehors du détroit de Messine pour l'Europe ; traduit pour la côte d'Espagne et la partie correspondante de la côte de Barbarie, du Derrotero ou routier espagnol de Tofino ; rédigé pour le reste par L. S. Baudin, lieutenant de vaisseau de la marine royale. 1828. 1 fort vol. in-8°,.. 6 fr.

_{Le traducteur a parcouru de nouveau les parages dont traite l'Auteur Espagnol, et, s'affranchissant de la gêne du mot à mot, il a pu donner à cette traduction tout le développement dont elle était susceptible, en ajoutant des renseignemens et des remarques dont les marins sauront apprécier l'utilité.}

_{Entraîné par l'exemple, il a joint à sa traduction la description de toute la côte de France et d'Italie, jusques en-dehors du détroit de Messine, et celle de la côte d'Afrique, depuis le cap Bougie où s'est arrêté Tofino, jusqu'au cap Bon, à l'E. de Tunis, y compris toutes les îles qui se trouvent dans ce vaste bassin.}

_{L'Auteur, qui possède un grand nombre de matériaux, se propose de continuer cet ouvrage et d'achever le tour de la Méditerranée ; mais pour rendre ce nouveau travail digne de toute la confiance des navigateurs, il doit, au lieu de se servir des matériaux qu'il pourrait puiser dans des Auteurs ÉTRANGERS ET DÉJA VIEILLIS, attendre le résultat des opérations faites dans cette partie de la Méditerranée par MM. Gauttier, Smith, de Hell, Richard, Deloffre, Mathieu, Regnard, etc., etc.}

EXTRAIT ANALYTIQUE de la tactique navale, par M. Casy, capitaine de Frégate, 1 volume in-18,.. 2 fr.

MANUEL DU JEUNE MARIN, ou précis pratique sur l'Arrimage, l'Installation, le Gréement et la Manœuvre d'une frégate de 44 canons, par le même. 1828. 1 fort volume in-8° avec 6 planches....................................... 7 fr.

L'Auteur a choisi la frégate de 44, parce qu'elle tient à peu près le milieu entre les plus grands et les plus petits bâtimens de guerre. Il la prend à sa mise à l'eau, et après en avoir suivi l'armement, il la met en mer, où il la place dans toutes les situations qu'il a pu imaginer ; enfin, il la reconduit au port pour la désarmer.
Cet ouvrage est à la portée de tous les jeunes gens qui appartiennent à la marine.

TABLEAUX SYNOPTIQUES d'anatomie physiologique, dressés d'après une nouvelle nomenclature, par LAURENT, professeur d'anatomie et de physiologie à l'école de médecine du port de Toulon. Chaque livraison est composée d'un tableau in-plano sur grand-raisin et du mémoire explicatif de 2 à 3 feuilles d'impression, format in-8° Chaque livraison est du prix de 2 fr. 4 livraisons sont en vente ; l'ouvrage aura 20 livraisons.

ICONOGRAPHIE CONCHYLIOLOGIQUE, ou recueil de planches représentant les coquilles marine fluviatiles, terrestres et fossiles, décrites par Delamark, Sowerby, Swainson, de Ferussac, de Blainville, Risso, etc. et autres inédites, par Polydore Roux, conservateur du cabinet d'histoire naturelle de la ville de Marseille.

Cet ouvrage paraîtra, de mois en mois, par livraison de huit planches coloriées et de 2 feuilles de texte, sur format in-4°, papier jésus vélin satiné. Chaque livraison est du prix de 10 fr. La première est en vente.

W. SCOTT'S a legend of montrose. 2 vol. in-32, sur papier jésus vélin. Didot, 1826.. 7 fr.

Ces deux volumes forment la première livraison d'une collection des meilleurs romans anglais, publiés sous la direction de M. A. Lake.

SOUS PRESSE,

SÉANCES NAUTIQUES ou traité élémentaire du vaisseau à la mer, par P.-M.-J. DE BONNEFOUX, capitaine de frégate, sous-gouverneur du collége royal de marine ; suivi d'un appendice contenant : 1° l'explication du système des *Signaux de Jour, de Nuit et de Brume*, *Télégraphiques et du Guet* ; 2° la définition des termes principaux de la tactique navale. Seconde édition, revue et augmentée. 1 vol. in-8° avec deux planches.

EXERCICES ET AMARRAGES des bouches à feu à bord des bâtiments du Roi ; par un Officier de la marine. In-8°

BRIGNOLES, TYPOGRAPHIE PERREYMOND-DUFORT.